Step2 しっかり読み（2回目）
使用教材：本書＋サクトレ＊
標準時間：15〜20時間
テキストをしっかり読み、サクトレ（問題集）を解きます。
＊別売り「サクッとうかる日商3級商業簿記 トレーニング」（以下「サクトレ」）

間違えた問題は
必ず復習を！

1章
簿記の基礎と
仕訳のルール

サクトレ基本問題1、2

目安 45 分

/

2章
現金と当座預金

サクトレ基本問題 3〜7

目安 70 分

/

3章
商品売買

サクトレ基本問題 8〜13、22

目安 100 分

/

4章
手形の取引

サクトレ基本問題 14〜18

目安 90 分

/

5章
有価証券と
固定資産の取引

サクトレ基本問題 19〜23

目安 60 分

/

6章
その他の取引

サクトレ基本問題 24〜29

目安 100 分

/

7章
帳簿

サクトレ基本問題 30〜38

目安 160 分

/

8章
伝票と試算表

サクトレ基本問題 39〜44

目安 110 分

/

9章
決算手続き

サクトレ基本問題 45〜57

目安 200 分

/

⇨ 巻末へ
つづく

日商3級

福島三千代 ● 著　いぐちかなえ ● 画

ネットスクール出版

☆「はじめに」

そこで今回

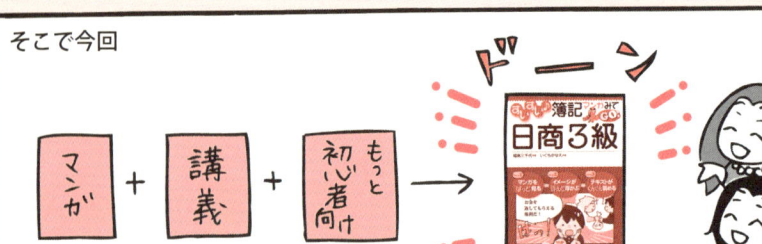

マンガ ＋ 講義 ＋ もっと初心者向け → ドーン この本です！

…のエッセンスを抽出して完成させたのが…

こだわり特長その1

受験生が特に苦手とするテーマについては、さきにマンガでイメージをつかんでいただく仕様。

これがあるかないかで内容の理解度が全然ちがいました

びっくり！

こだわり特長その3

みやすく使いやすく！

どこでも読めるコンパクトサイズ

レイアウトにもこだわりました

かばんにすっぽり

すいすい

こだわり特長その2

語り口調で読みやすく

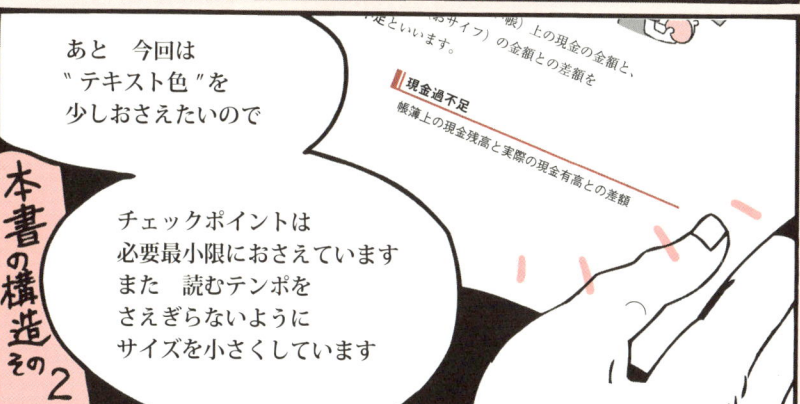

また、簿記は
①テキストを読んでしっかり理解すべき箇所と
②テキストはソコソコにして
　問題を解いてしまったほうが理解しやすい箇所
がありますよね。
そこで本書は①についてはしっかり、丁寧に説明し
②については基本構造を説明し、具体的な問題の解き方は問題集（別売り）
にゆだねています。

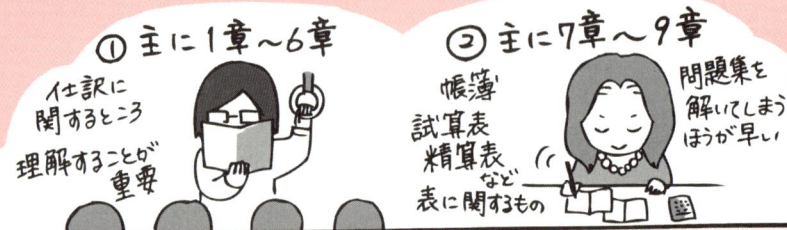

① 主に1章～6章
仕訳に関するところ
理解することが重要

② 主に7章～9章
帳簿
試算表
精算表
など
表に関するもの
問題集を解いてしまうほうが早い

このように メリハリをつけることによって
重要な箇所を しっかり伝えられる
内容になったと思います！

えっへん！

たしかに7章から9章は
問題を解いたほうが早いよね

とおるテキストも
そうしようかな…

ということは
テキストに準拠した
問題集もつくるの？

あれっ
「サクッと」…？

いいえ　つくりません
問題集は
コレで対応できますから…

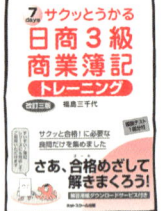

2010年 大改訂！！

「サクッとうかる
日商3級
商業簿記テキスト」
「すいすい♪
簿記（本書）」
の両方に対応してます

ここでサクトレ　基本問題1　2 を解きましょう！

★本書の章末には対応する問題番号が記載されています

ですから独学で日商3級を目指す方は…

テキスト的なほうがお好みなら…
サクッとうかる テキスト + サクッとうかる トレーニング
テキスト　問題集

マンガ+講義調のほうがお好みなら…
すいすい簿記 + サクッとうかる トレーニング
テキスト　問題集

のどちらかを選んでいただければと思います。

特に本書（すいすい）は

ちょっと簿記でもやってみようかしら

という方にはぜひおすすめしたいです。なぜなら…

たいていのテキストは途中ですごくハードルの高いところがあって（ページ数の関係で十分な説明ができていないなどの理由で）

説明こんだけ?!
もーボキわかんない！
キライ!!

となることが多いのですが

本書なら
マンガあり
話しことば優先
みやすさ読みやすさ重視のレイアウト

いつでもどこでも楽しく読めて

いつの間にか読みおわり

あれは減価償却する資産

簿記の知識がしっかり身につくことと思います。

それでは簿記の世界をお楽しみください！

なお、3級合格までの具体的な勉強の仕方は次ページオリエンテーションで説明しています♡

☆(株)アスラン編集スタジオの渡辺稔大様、野村佳代様、ひらのなおこ様、ハツミコウイチ様、林菜保子様、デザインから編集までご協力いただき、ありがとうございました！

0 オリエンテーション

この本は次の方を対象としています。

(A) 試験を受けることは考えていないけど、
簿記というものをちょっと学習してみたい方
(B) 日商簿記3級の内容を効率的に学習し、
短期合格を目指す方

(A) 簿記というものをちょっと学習してみたい方へ

まずはこの本をざっと読みとおしてください。
この本は基本的に語り口調で書いていますので、
すいすい読めるはずです。鉛筆や電卓はいりません。
読んでいるうちに、
なんとなく簿記というものがわかってくるでしょう。

この本を読んだあと、または読んでいる途中、
日商簿記3級にチャレンジしたくなるかもしれません。
でも、新たなテキストは必要ありません。
この本は日商簿記3級の主な内容を網羅していますから…。
その代わり、問題集を別途購入し、問題を解いてください。

★問題集の選び方や学習方法については(B)を参照してください。

（B）日商簿記3級の内容を効率的に学習し、短期合格を目指す方へ

まずは鉛筆や電卓を持たずに、
この本をざっと読みましょう。
途中で前に読んだ内容を忘れてしまっていても
さきに進んでください。
覚えようと思わなくていいので、
とにかく一度、読みとおしてください。

> Step1
> まずはざっと
> 読みましょう

…なんだか変なことをいっているように思うかもしれません。
でも、全体像がみえたほうが、学習の進みが早いんですね。
いったん全体像がみえれば、あとは知識をつけていくだけ。
そうすればすいすい進みますよ、学習が。

ざっと読みおわったら、こんどは2度目。
最初からしっかり読んでいきましょう。
2度目のときは、ある程度読んだところ、
**目安としては各章が読みおわったところで、
問題を解いてください。**

> Step2
> 2度目は問題集と
> ともに…

簿記って計算だから、読んでいるだけでは、
わかったつもりでも、解けないことが多いんです。
いえ、読んでいるだけではおそらく問題は解けないでしょう。
だから試験を受ける方は、問題を絶対解いてくださいね。
使用する問題集は、他社の問題集でもかまいませんが、

オリエンテーション

①問題数が多すぎず、基本的な問題であること
②解説が丁寧なこと

をクリアするものを選んでください。

①については、問題数が多すぎると、
途中でイヤになってしまうんですね。
また、多くの問題を雑に解くよりは、
厳選された基本的な問題をしっかり何度も解いたほうが
記憶に残るし、何よりも解くことに慣れるので、
解くスピードが速くなります。

②については、あたり前といえばあたり前ですが、
解答しか書いていないようなものは、やめたほうがいいです。

また、一見、解説が丁寧にみえても、
的を射ていない解説が書かれている(その結果として解説文が長い)
という場合もあります。
だから、ちょっと解説を読んでみて、
しっくりくる問題集を選んでください。
なお、

「この条件をクリアする問題集を
自分で探すのは大変！」

という方は、「サクッとうかる日商３級商業簿記トレーニング」
(以下、「サクトレ」) をおすすめします。
「サクトレ」は、さきほどの条件をクリアしていますし、

基本問題と本試験レベル問題の2部構成なので、
無理なく合格レベルの力を養うことができます。

★サクトレは「サクッとうかる日商3級商業簿記テキスト」の付属問題集ですが、本書の刊行にあたって、本書を読んだ方も使えるように改訂済みです。

少し話が脱線しましたが、
とにかく2度目は、本書を読んだら問題を解く、
という作業をしてください。
2度目はちょっと時間がかかりますので、
事前に1日にどのくらい進めるのか
予定を立ててからスタートするのがよいでしょう。

そして、これが重要なんですが、
毎日、問題を解いてくださいね。
1日休んでしまうと、結構忘れてしまうものです。でも…

　「今日は時間がないのよね…」

ということもありますよね。
そんなときは、解答用紙に書かなくてもいいです。
問題を読んで、頭の中でなんとなく答えを思い浮かべて
解答解説をみる、というのでもいいので、
毎日、10分でもいいから問題をみてください。

2度目が読みおわり、基本問題も解きおわったら、
本試験レベルの問題を解きます。

★「サクトレ」を使うなら「本試験レベルにチャレンジ！」がこれに該当します。

試験1〜2週間前からは、
本試験問題(過去問)を
解いておきましょう。
これは本試験の形式や試験時間に慣れるためのものなので、
何回分も解く必要はありません。

3級の受験経験者(再受験者)なら、
なるべく多くの過去問題を解いたほうがいいのですが、
はじめて受験する方は3〜5回分で十分。
また、**時間がない方は1、2回分でもかまいません**。
その代わり、**解いた問題は時間内に合格点が取れるまで、
しっかり見直してください**。これがとても大切です。

実際に過去問題を解いてみればわかると思いますが、
はじめて解いたときは、思っている以上に解けないものです。
でも、くよくよしたり、あきらめないでください。
みんな、そうですから。

できなかったら、
解説を読んでテキストを読み返せばいいだけです。
さっぱりわからないなら、解説をみながら解けばいいんです。
そして、再度解いて、間違えたところはまた解説を読んで、
テキストを読み返して…を繰り返せば、いつの間にか
解けるようになっています。

日商簿記3級の試験時間は2時間、合格点は70点（100点満点中）！

日商簿記3級は**第1問から第5問までの5問**で構成されており、**試験時間は2時間**、試験開始は午前9時。朝寝坊にはご注意を。
主な出題内容と配点は次のとおりです。

第1問：仕訳問題【20点】
第2問：主に帳簿に関する問題【約10点】
第3問：主に試算表の作成【約30点】
第4問：伝票や勘定に関する問題【約10点】
第5問：主に精算表の作成【約30点】

以上100点満点で合格点は70点。
配点をみてもわかるとおり、

「第1問、第3問、第5問を
しっかり取れば、合格できる！」

ということになります。逆に、第3問や第5問が
全く解けなかったら、合格は難しいということ。
なんとなく、日商簿記3級というものがわかりましたか？
では、さっそく本書を読みはじめてください！

＊本書の章末に記載されている
　　ここでサクトレ　基本問題1、2を解きましょう！
は、「サクッとうかる日商3級商業簿記トレーニング（別売り）」
との対応をあらわしています。

オリエンテーション

CONTENTS

すいすい♪簿記 マンガみてGO！
日商3級

はじめに　iii
オリエンテーション　viii

1章　簿記の基礎と仕訳のルール
～1つの事象を2つに分けて考える!～

マンガ●「簿記の基礎と仕訳のルール」…その前に。	2
1 ●簿記の基礎と仕訳のルール	12
マンガ●「簿記の基礎と仕訳のルール」…そのあとに。	30

2章　現金と当座預金
～資産の代表といったらコレ!～

マンガ●「現金と当座預金」…その前に。	34
2 ●現金	37
3 ●現金過不足	41
4 ●当座預金	46
5 ●当座借越	50
マンガ●「小口現金」…その前に。	55
6 ●小口現金	58

3章　商品売買
～商品を仕入れて、売り上げて…～

7 ●商品の仕入れ	68
8 ●商品の売上げ	80
マンガ●「商品売買」…そのあとに。	89

4章　手形の取引
～手形を受け取った人が代金を受け取る～

マンガ●「約束手形」…その前に。	92
9 ●約束手形	95
マンガ●「為替手形」…その前に。	101

10 ●為替手形		105
マンガ●「手形の割引き」…その前に。		121
11 ●手形の割引き		124
12 ●手形の裏書譲渡		128

5章 有価証券と固定資産の取引
～商品売買と何が違うかな…?～

13 ●有価証券		132
マンガ●「固定資産」…その前に。		140
14 ●固定資産		142

6章 その他の取引
～いろいろな資産、負債の処理です～

15 ●仮払金と仮受金		150
マンガ●「立替金と預り金」…その前に。		154
16 ●立替金と預り金		157
マンガ●「商品券と他店商品券」…その前に。		162
17 ●商品券と他店商品券		167
18 ●貸付金と借入金		173
マンガ●「資本金と引出金」…その前に。		179
19 ●資本金と引出金		181
マンガ●「税金」…その前に。		185
20 ●税金		188

7章 帳簿
～取引の内容を記録するもの～

マンガ●「仕訳帳と総勘定元帳」…その前に。		192
21 ●仕訳帳と総勘定元帳		196
22 ●現金出納帳と当座預金出納帳		202
23 ●受取手形記入帳と支払手形記入帳		204
24 ●小口現金出納帳		208
25 ●仕入帳と売上帳		214
26 ●商品有高帳		216
マンガ●「売掛金元帳と買掛金元帳」…その前に。		222
27 ●売掛金元帳と買掛金元帳		224
マンガ●「帳簿」…そのあとに。		227

8章 伝票と試算表
〜仕訳帳の代わりになる伝票…〜

マンガ●「伝票」…その前に。	234
28 ●伝票	240
マンガ●「試算表」…その前に。	248
29 ●試算表	252

9章 決算手続き
〜1年の締めくくり！〜

30 ●決算の流れ	258
31 ●現金過不足の処理	262
― 決算整理事項① ―	
マンガ●「貸倒引当金の設定」…その前に。	264
32 ●貸倒引当金の設定	266
― 決算整理事項② ―	
33 ●消耗品の処理	275
― 決算整理事項③ ―	
34 ●有価証券の評価替え	280
― 決算整理事項④ ―	
マンガ●「固定資産の減価償却」…その前に。	284
35 ●固定資産の減価償却	288
― 決算整理事項⑤ ―	
36 ●引出金の処理	300
― 決算整理事項⑥ ―	
マンガ●「売上原価の算定」…その前に。	301
37 ●売上原価の算定	303
― 決算整理事項⑦ ―	
38 ●費用と収益の繰延べ、見越し	310
― 決算整理事項⑧ ―	
39 ●精算表の作成	323
40 ●損益計算書と貸借対照表の作成	328
マンガ●「帳簿の締め切り」…その前に。	330
41 ●帳簿の締め切り	332

1章

簿記の基礎と仕訳のルール

～1つの事象を2つに分けて考える！～

＊＊＊こんなことを学習します＊＊＊

・仕訳のルール

・貸借対照表とは？

・損益計算書とは？

・借方と貸方

☆「簿記の基礎と仕訳のルール」…その前に。

そんな中、みなさんがこれから学習する
現在の"複式簿記"のルールが確立されたのは――

1 簿記の基礎と仕訳のルール

 財政状態や経営成績を明らかにするために簿記が必要！

それでは簿記3級、はじめていきましょう。
まずは、**簿記の基礎と仕訳のルール**です。

「簿記」といえば「仕訳」というくらい、仕訳は重要なので、
仕訳のルールについてはしっかり頭に入れてください。
では、いきます。

お店や会社では、日々いろいろな活動を行っています。
→お店（個人企業）や会社をまとめて企業といいます。
　3級ではお店（個人企業）の簿記を、2級では会社の簿記を学習します。

このような日々の活動を記録しておかないと、
お店や会社に現金や預金がいくらあるのか（**財政状態**）、
一定期間におけるお店や会社の儲けはいくらなのか（**経営成績**）
を把握することができません。

そのためお店や会社では、
いつ、何を、いくらで買っていくらで売ったか

というお金やモノの流れをノートに記録しておく必要があります。
このようなお金やモノの流れを記録するノートを**帳簿**といい、
帳簿に記入することを簿記といいます。

貸借対照表で財政状態を明らかにし、損益計算書で経営成績を明らかにする

簿記の最終的な目的は、
お店や会社の財政状態や経営成績を明らかにすることですが、
お店や会社の**財政状態を明らかにする表を貸借対照表**といい、
お店や会社の**経営成績を明らかにする表を損益計算書**といいます。
つまり、日々の活動を記録し、
最終的に貸借対照表と損益計算書を作成すること
が簿記の役割ということになるのです。

貸借対照表と損益計算書を「**財務諸表**」とか「**決算書**」といいます。

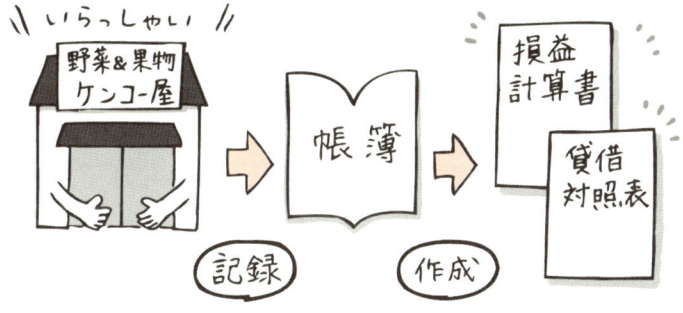

1章　簿記の基礎と仕訳のルール

すべての取引は左と右に分けて記入する …これを仕訳という

さて、お店や会社は日々の活動を帳簿に記録する、
といいましたが、どのように記録するのでしょうか？

たとえば、八百屋さんが店の売りものである**トマト（商品）**を
1,000円で買って、現金を支払ったとしましょう。

この**トマト（商品）を1,000円で買って、現金を支払った**という
活動を取引といいますが、この取引は
「トマトを手に入れた」という事実と
「現金が減った」という事実の2つに分けることができます。

また、八百屋さんが店の運転資金として
現金500,000円を銀行から借り入れたという取引は、
「現金が増えた」という事実と
「借金が増えた」という事実に分けることができます。

1つの取引を2つの事実に分けたら、
事実ごとに帳簿の左側と右側に分けて記入していきます。

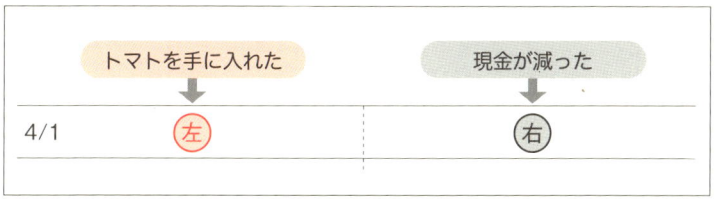

この2つの事実を帳簿の左側と右側に分けて記入する方法を**仕訳**といいます。

仕訳の左右は資産・負債・純資産・収益・費用の5グループの増減で決まる！

しかし、ここで

「どちらの事実を左側に記入し、
どちらの事実を右側に記入するの？」

という問題が生じます。

そのため、仕訳をするさいには、
取引によって増えたり、減ったりしたものを
5つのグループに分け、そのグループに属するものが
増えたら左側（または右側）に記入し、反対に
減ったら右側（または左側）に記入する、
というルールがあります。

ここで出てきた5つのグループとは、
資産、負債、純資産（資本）、収益、費用のことをいいます。

→ ちなみに、資産、負債、純資産（資本）は財産をあらわすチーム、
収益と費用は儲けをあらわすチームに属します。
このチーム分けはあとで再度学習します。

それでは、5つのグループについて
みていきましょう。

まず、資産です。
資産とは、現金や預金、商品（トマト）、土地など、

一般的に財産といわれるものをいいます。
つまり、たくさん持っているとうれしいモノですね。

資産の反対で、**一般的にたくさんあるとイヤなモノ**もありますね。
たとえば借金などです。

借金はあとで返さなければなりません。
借金のように、
**あとで現金などを支払わなければ
ならない義務を負債**といいます。

そして、**資産と負債の差額が純資産**です。
3級では純資産に分類される項目は**資本金**だけです。

資本金の内容については6章で詳しく説明します。

収益は、儲けのもととなる金額のことで、
現金など資産の増加原因、
つまりうれしいことの原因です。

たとえば、100円で買ってきた商品を150円で売った場合、
儲けは50円（150円－100円）ですよね。
儲けのことを簿記では利益といいますが、
この利益50円のもととなる金額は150円です。
ですから、この場合の150円（売上）は収益となります。

費用は、収益を得るために必要な支払額のことで、
現金など資産の減少原因です。

たとえば、商品を売って、売上という収益を得るには、
商品を宣伝する必要もあります。
ですから、商品の広告宣伝にかかった金額（広告宣伝費）
は費用となります。

> 現金（資産）の増加は左側に記入…
> まずはこれをおさえて！

さて、取引の要素を5つのグループに分類したら、
こんどはそのグループ（の要素）が増えたか減ったかを考えます。

まず、ベースとなるのが、
資産の増加は左側に記入する
ということです。

ですから、反対に
資産の減少は右側に記入する
ということになりますね。

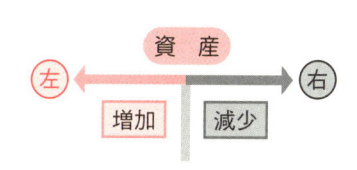

たとえば、
トマト（商品）1,000円を買って、現金で支払った
という取引の記入は次のようになります。

1章 簿記の基礎と仕訳のルール

例 1-1 トマト（商品）1,000円を買って、現金で支払った。

- 増えたらうれしいモノ → トマトを手に入れた → 増えた！ → 資産の増加
- 増えたらうれしいモノ → 現金が減った → 減った！ → 資産の減少

左	右
4/1　トマト　1,000	現　金　1,000

→ 正しい勘定科目については後述します。

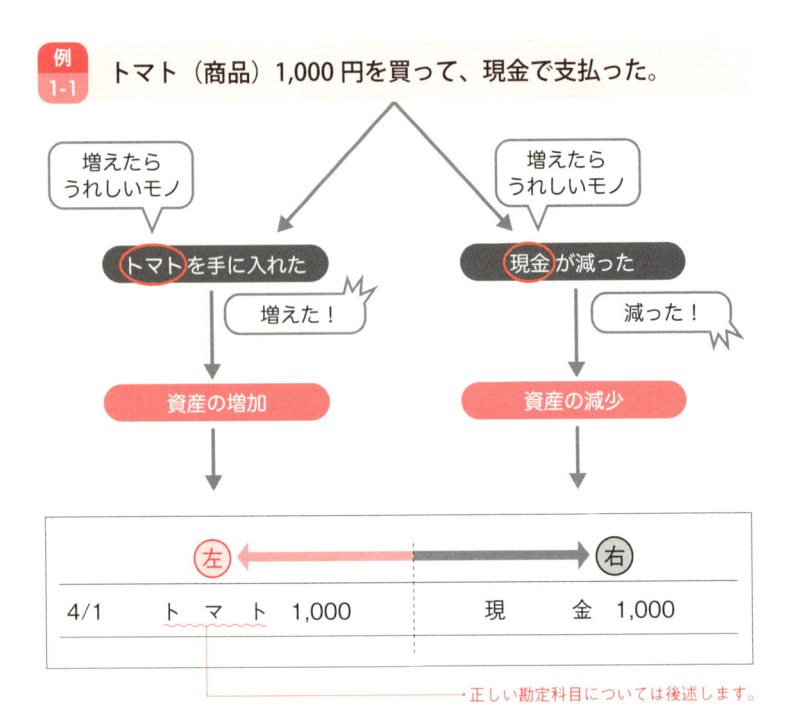

次に負債ですが、負債は資産とは反対のイメージのものです。
ですから、資産の増減とは反対の記入、
つまり、**負債の増加は右側に、**
負債の減少は左側に記入する
ことになります。

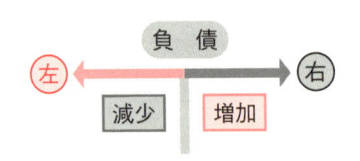

負　債
左 ← 減少 | 増加 → 右

たとえば、
銀行から現金 500,000 円を借りた
という取引の記入は次のようになります。

> **例 1-2** 銀行から現金 500,000 円を借りた。

- 増えたらうれしいモノ → 現金 が増えた → 増えた！ → **資産の増加** → 左
- 増えたらイヤなモノ → 借金 が増えた → 増えた！ → **負債の増加** → 右

4/1	現　　金 500,000	借　　金 500,000	

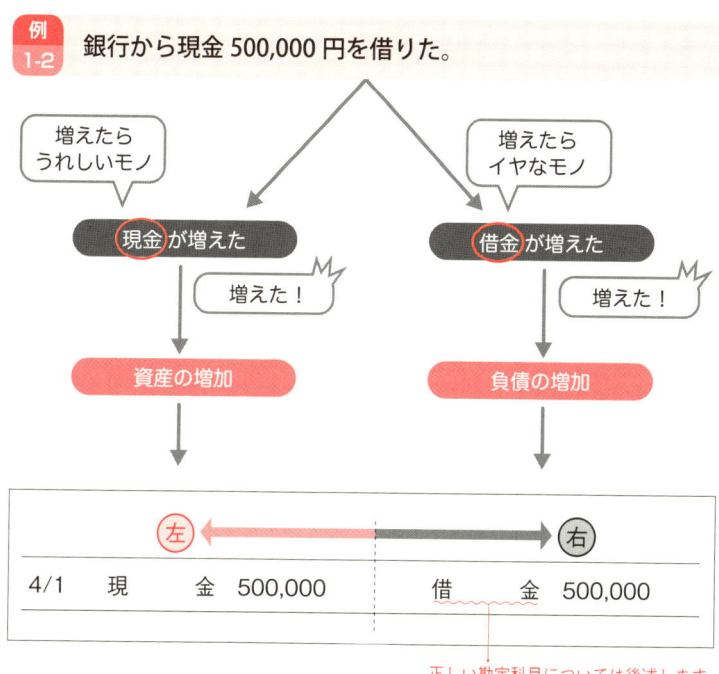

正しい勘定科目については後述します。

純資産については、
負債と同様の記入になります。
ですから、**純資産の増加は右側に、
純資産の減少は左側に記入する**
ことになります。

純資産の取引は少ないので、ここでは具体例を使った説明は省略します。

純資産：左 減少 ／ 右 増加

つづいて収益ですが、**収益は資産の増加原因**です。
資産の増加は左側に記入しましたよね。

1章　簿記の基礎と仕訳のルール

ですから、その原因である
収益の発生（増加）は右側に記入
します。

> 収益、費用については、通常、「発生、消滅」といういい方をします。なお、いったん発生した収益や費用が消滅することはあまりないので、とりあえず発生の場合だけおさえておきましょう。

収　益

左 ← → 右

発生

たとえば、
商品を 3,000 円で売って、現金を受け取った
という取引の記入は次のようになります。

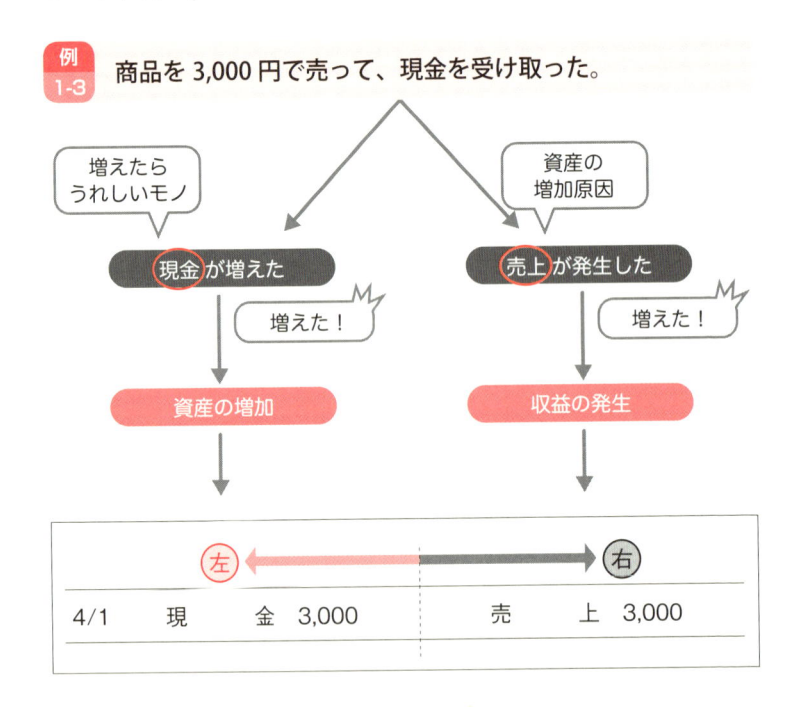

例 1-3　商品を 3,000 円で売って、現金を受け取った。

増えたらうれしいモノ → 現金が増えた → 増えた！ → 資産の増加

資産の増加原因 → 売上が発生した → 増えた！ → 収益の発生

左	右
4/1　現　　金　3,000	売　　上　3,000

最後に費用です。

費用は収益の反対のイメージのものです。

ですから、

費用の発生（増加）は左側に記入します。

収益の発生とは逆側ですね。

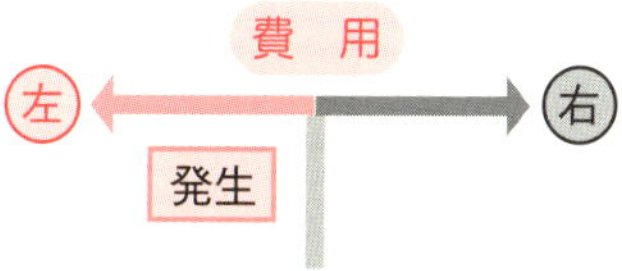

たとえば、

広告宣伝費 1,000 円を現金で支払った

という取引の記入は次のようになります。

例 1-4　広告宣伝費 1,000 円を現金で支払った。

- 資産の減少原因 → 広告宣伝費が発生した → 増えた！ → **費用の発生**
- 増えたらうれしいモノ → 現金が減った → 減った！ → **資産の減少**

4/1	広告宣伝費	1,000	現　　金	1,000

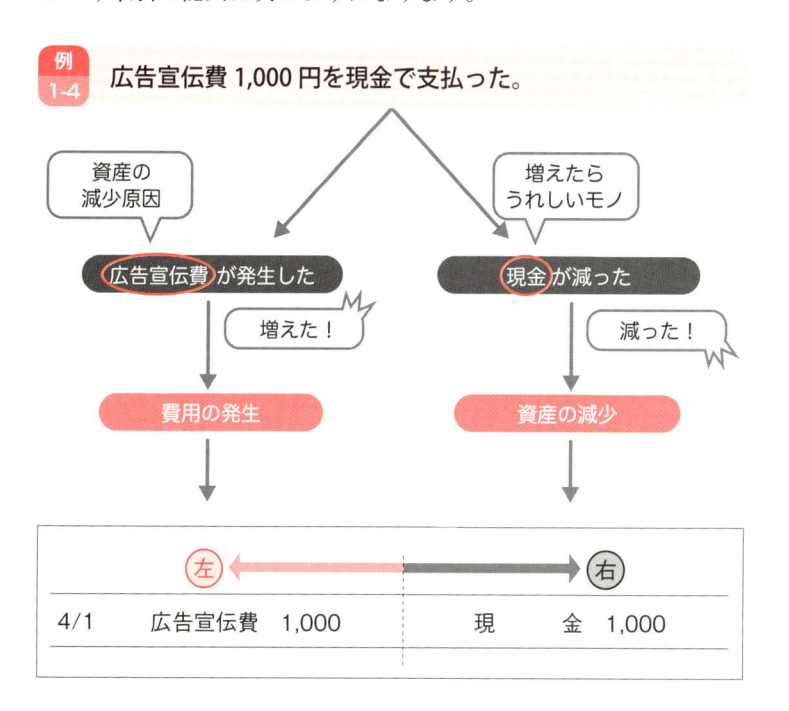

以上より、仕訳のルールをまとめると次のようになります。

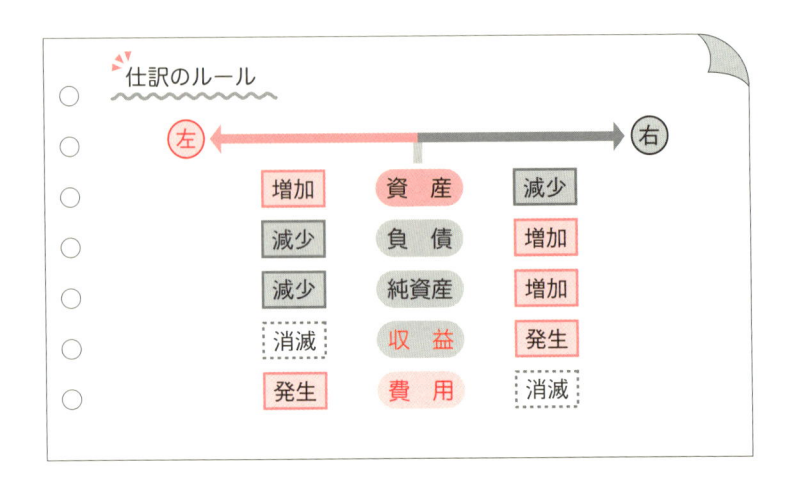

仕訳のルール

左		右
増加	資　産	減少
減少	負　債	増加
減少	純資産	増加
消滅	収　益	発生
発生	費　用	消滅

> 帳簿には「トマト」とか「お金」とは書かず、勘定科目で記入する

さきほど、

トマト（商品）1,000円を買って、現金で支払った

という取引について、次のように記入しました。

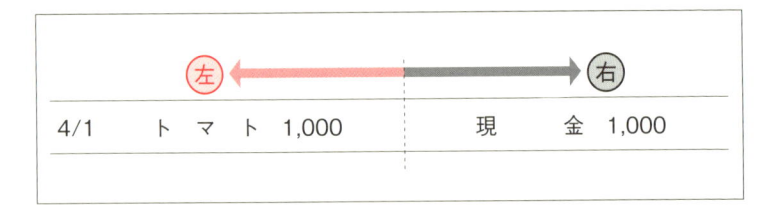

左		右
4/1　トマト　1,000		現　金　1,000

そうすると、キュウリ（商品）を買って現金で支払った場合は、

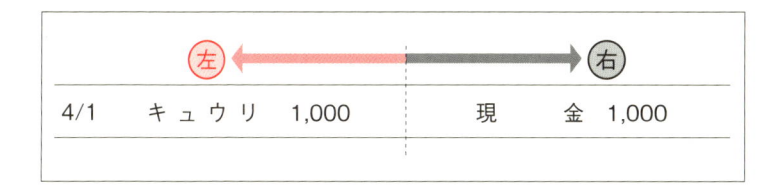

← 左		右 →	
4/1 キュウリ 1,000		現　金 1,000	

となります。

しかし、トマトやキュウリ、
そのほかリンゴやバナナなどを買ってくるたび、
その項目（トマトなど）で記入していたら、
項目が多すぎてわかりにくくなってしまいますよね。

そこで仕訳をするときには、
ある程度まとまっていて、誰が記録しても同じ記録になるように
決められた用語（勘定科目といいます）で記録する
というルールがあります。

たとえば、八百屋さんが売りものであるトマトを買ってきたときは
「**商品**」という勘定科目を用いて仕訳をします。

トマトとかキュウリ とは書きません		
4/1　商　品　1,000		現　金　1,000
勘定科目		

1 簿記の基礎と仕訳のルール

また、トラックは「**車両**」、イスや机は「**備品**」、借金は「**借入金**」という勘定科目で処理します。

資産、負債、純資産、収益、費用の勘定科目には次のようなものがありますが、一つひとつはあとで詳しく学習するので、ここでは軽くながめておいてください。

これはほんの一例です。このあと、もっとたくさん出てきます。

資産、負債、純資産、収益、費用の勘定科目

グループ	勘定科目	内容
資産	現　　金	紙幣や硬貨など
	商　　品	お店の売りもの
	備　　品	机、イス、パソコンなど
	車　　両	営業用車、トラックなど
	貸付金	お金を貸したときの、あとで返してもらえる権利
負債	借入金	お金を借りたときの、あとで返さなければならない義務
純資産	資本金	お店の元手となる金額
収益	売　　上	商品を売って得た金額
	受取利息	他人にお金を貸した場合に受け取る利息、預金の利息
費用	仕　　入	商品を買うのにかかった金額
	支払利息	他人からお金を借りた場合に支払う利息

5つのグループは貸借対照表チームと損益計算書チームに分かれる！

資産、負債、純資産、収益、費用の5つのグループは、
さらに**貸借対照表チーム**と**損益計算書チーム**に
分けることができます。

貸借対照表は、
お店や会社の財政状態をあらわす表です。
財政状態とは、資産や負債の状況のことですから、
貸借対照表には資産、負債、純資産が記載されます。

なお、**貸借対照表の左側には資産が、
右側には負債と純資産が記載されます。**

→仕訳で資産の増加は左側に、負債の増加は右側に記入しましたよね。それと同じです。

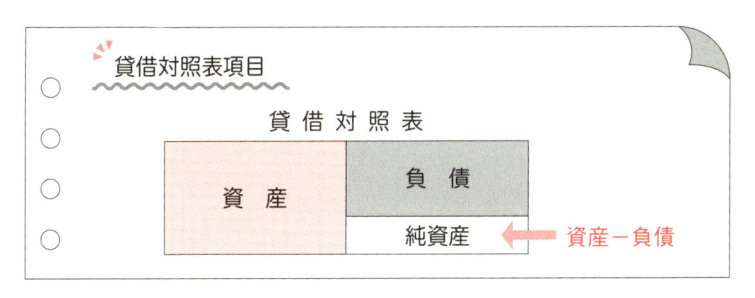

貸借対照表項目

貸借対照表

| 資　産 | 負　債 |
| | 純資産 | ← 資産－負債

一方、損益計算書は、
お店や会社の経営成績をあらわす表です。
経営成績とは、お店や会社がいくらの費用を使って、
いくら稼いだか、といったお店や会社の儲けのことです。

1章　簿記の基礎と仕訳のルール

したがって、**損益計算書には収益と費用が記載されます**。
なお、**損益計算書の右側には収益が、
左側には費用が記載されます。**

→仕訳で収益の発生は右側に、費用の発生は左側に記入しましたよね。それと同じです。

また、収益と費用の差額によって儲け（利益）を計算します。

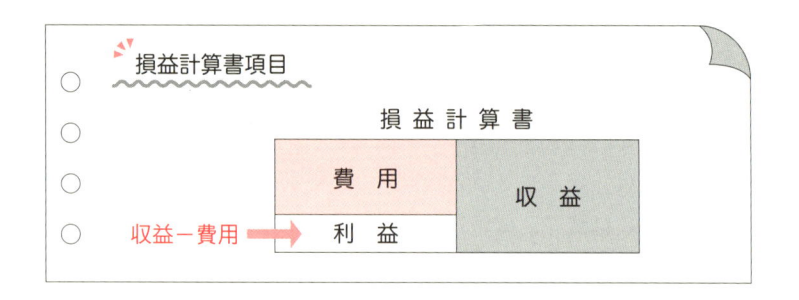

```
        損益計算書項目
                    損 益 計 算 書
                  ┌──────────┬──────────┐
                  │   費 用   │          │
                  ├──────────┤   収 益   │
   収益ー費用 ➡   │   利 益   │          │
                  └──────────┴──────────┘
```

簿記では左側を借方（かりかた）、右側を貸方（かしかた）という

これまで、仕訳や貸借対照表、損益計算書の記載場所について、
「左側に記載します」とか「右側に記載します」
といってきましたが、
**簿記では左側を借方、
右側を貸方**といいます。
「借方」と「貸方」には、特に深い意味はないので、
「か**り**かた」の「**り**」が左向きだから**借方**（ り ）は左、
「か**し**かた」の「**し**」が右向きだから**貸方**（ し ）は右、
と覚えておきましょう。

借方と貸方

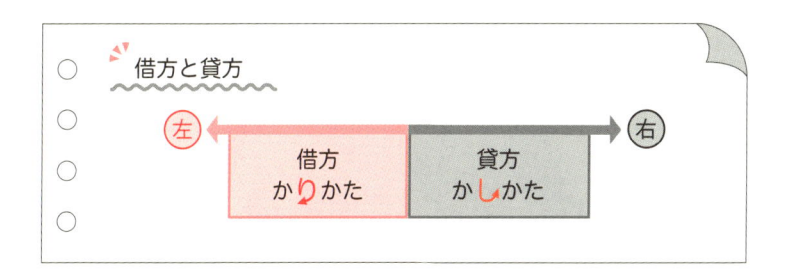

左 ← 借方 かりかた | 貸方 かしかた → 右

借方合計と貸方合計は必ず一致する

最後に仕訳のルールでとても重要な話をしましょう。それは、**仕訳の借方（り）合計と貸方（し）合計は必ず一致する**ということです。

たとえば、このあとの学習で、次のような
少しメンドクサイ仕訳が出てくるのですが、
それでも借方合計と貸方合計は一致していますよね。

借方科目	金　額	貸方科目	金　額
備品減価償却累計額	1,800	備　　　　品	5,000
現　　　　　金	3,000	固定資産売却益	550
減 価 償 却 費	750		

借方合計 5,550円 ←一致→ 貸方合計 5,550円

「ほんとだ！」

ここでサクトレ　基本問題1、2を解きましょう！

1章　簿記の基礎と仕訳のルール

☆「簿記の基礎と仕訳のルール」…そのあとに。

現金はたくさんあると
うれしいもの…資産ですね

わはは
お金持ち♡

資産の増加は
左側に記入します
だから　現金が増えたら
左側に"現金"と書く

反対に
現金が減ったら
右側に"現金"

と、いうふうに
とりあえず
現金の増減について
仕訳すると

借方科目	金額	貸方科目	金額
		現金	100

どちらかが
空きます

あとは
問題文から　もう一方の
勘定科目を考えれば…

バス代って
ことは
"交通費"？

バス代　100円を
現金で支払った

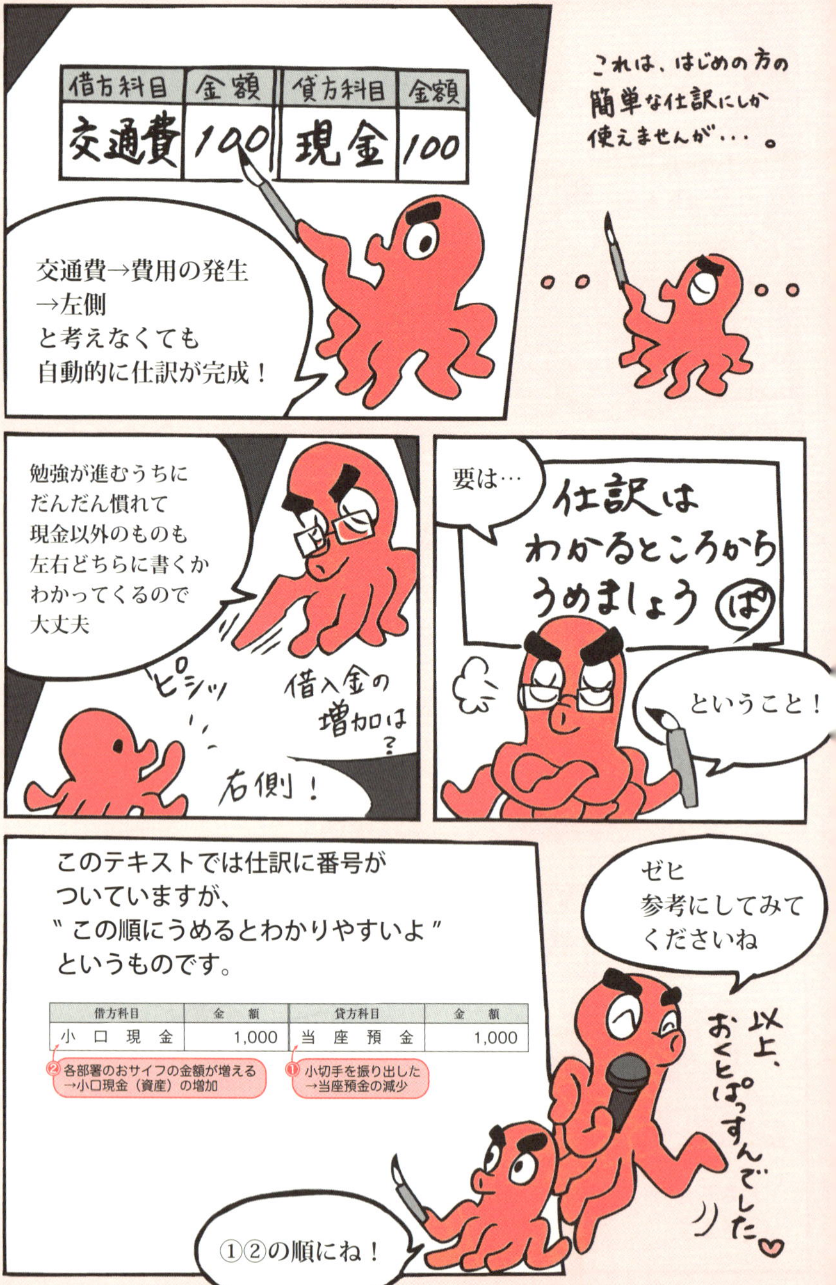

借方科目	金額	貸方科目	金額
交通費	100	現金	100

これは、はじめの方の簡単な仕訳にしか使えませんが…。

交通費→費用の発生
→左側
と考えなくても
自動的に仕訳が完成！

勉強が進むうちに
だんだん慣れて
現金以外のものも
左右どちらに書くか
わかってくるので
大丈夫

借入金の増加は？

右側！

要は…

仕訳はわかるところからうめましょう

ということ！

このテキストでは仕訳に番号が
ついていますが、
"この順にうめるとわかりやすいよ"
というものです。

借方科目	金額	貸方科目	金額
小口現金	1,000	当座預金	1,000

② 各部署のおサイフの金額が増える
→小口現金（資産）の増加

① 小切手を振り出した
→当座預金の減少

ゼヒ参考にしてみてくださいね

以上、おくとぱっすんでした♡

①②の順にね！

2章

現金と当座預金
～資産の代表といったらコレ！～

＊＊＊こんなことを学習します＊＊＊
・現金の処理
・現金過不足の処理
・当座預金の処理
・当座借越の処理
・小口現金の処理

☆「現金と当座預金」…その前に。

あなたウチの息子と別れてくださらない？

…えっ…

もちろん「ただで」なんていわないわ

そうね…

かき かき

1,000万円でどうかしら？

1000万円

そ、そんなぁ…

ピッ

…という場面をみたことないですか？

このときのこれを小切手といいますが、

1000万円

ちなみに、切り離す前の束は"小切手帳"といいます

小切手

まず、銀行に行って当座預金口座を開設します。

まごころ銀行

当座預金口座作ってくださらない？

ドン

いらっしゃいませ

※審査はきびしい

小切手帳などを
受け取ります。
アリガト
まごころ銀行
どうぞ
小切手
書類
小切手に金額を
記入して渡します。
1000万円
そ、そんなあ…
ピッ
そして
小切手を受け取った人が、
すごい大金!
1000万円
キー!! バカにして!
ビリ
ビリ
テレビだとこうなるけど…
まごころ銀行
1000万円
その小切手を銀行に持っていくと、
現金を受け取ることができます。
だから小切手を受け取った人は
小切手を受け取ったときに、
1000万円
そ、そんなあ…
ピッ
現金〜♪
"現金"で処理してしまいます。
※簿記上のお話です

ところで、この1,000万円、どこから出てくるかというと

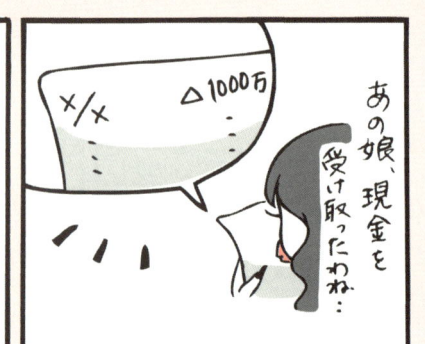

まごころ銀行

あの娘、現金を受け取ったわね…

小切手を渡した人の当座預金口座から引き出されているのです。

そこで、小切手を渡した人は小切手を渡したときに

1000万円

そ、そんなあ…

ピッ

当座預金の減少

※簿記上のお話です

"当座預金の減少"で処理してしまいます。

同じ小切手でも"受け取った側"と"渡した側"では勘定科目が違うんですね

THE 愛の劇場 〜end〜

おや…どうも

では「現金と当座預金」みていきましょう

GO GO♪

2 現金

> 簿記でいう「現金」は
> 紙幣や硬貨以外のものも含まれる

ここからは、具体的な取引と仕訳の仕方をみていきます。
まずは**現金の処理**。

一般に「現金」というと、
1万円札や100円玉など**紙幣や硬貨**を指しますが、
簿記で「現金」といったら、紙幣や硬貨だけではなく、
他人振出小切手や**送金小切手**、**配当金領収証**なども含まれます。

「他人振出小切手って何？」

他人振出小切手とは、**取引の相手方が振り出した小切手**
のことをいいます。
ドラマなどで、お金持ち風の人が
胸ポケットから小冊子を取り出して、サラサラっと金額を記入し、
1枚だけピッと切り離して渡す場面をみたことないですか？
この「ピッと切り離した1枚」が小切手で、
小切手に記入して渡すことを**「振り出す」**といいます。

2章　現金と当座預金

小切手を受け取った人は、
その小切手を銀行に持っていけば
現金を受け取ることができます。
つまり、**他人が振り出した小切手は**
すぐに現金にすることができるんですね。
だから、**簿記では他人振出小切手を「現金」で処理するのです。**

送金小切手は、送金手段として銀行が振り出す小切手です。
さきほどの小切手と同様、送金小切手を受け取った人は、
その送金小切手を銀行に持っていけば
現金を受け取ることができます。
ですから、**送金小切手も簿記上は「現金」で処理**します。

「配当金領収証って？」

たとえばA社の株式を所有していると、一定の時期に
「**この通知を銀行等に持っていけば、**
ここに書かれた金額（配当金）を受け取ることができますよ」
という通知が送られてきます。
この通知を**配当金領収証**といいます。

配当金領収証を銀行に持っていけば、
そこに記載された金額を受け取ることができます。
だから、**配当金領収証も簿記上は「現金」で処理するのです。**
ちなみに、「他人振出小切手」や「配当金領収証」のように、
「**ふつうは現金とはいわないけど、簿記では現金として扱うもの**」

を**通貨代用証券**といいますが、
通貨代用証券ということばは覚えなくてかまいません。

> **■ 簿記上の現金**
> ①紙幣・硬貨
> ②通貨代用証券
> 　・他人振出小切手　・送金小切手
> 　・配当金領収証　など

> 現金＝資産　だから増えたら左、減ったら右に記入！

簿記上の現金がわかったところで、
現金の取引と処理をみてみましょう。

ところで、現金は増えたらうれしいですか？イヤですか？

> 「そりゃ、うれしいに決まっているよ」

現金が増えたらうれしいですよね。
だから、**現金は資産**。
そして、資産ということは仕訳上、
増えたら 左 ＝借方 り 、減ったら 右 ＝貸方 し に記入、
でしたよね。

ですから、現金の増減取引は次のように仕訳します。

例 2-1 銀行から現金 500 円を借り入れた。

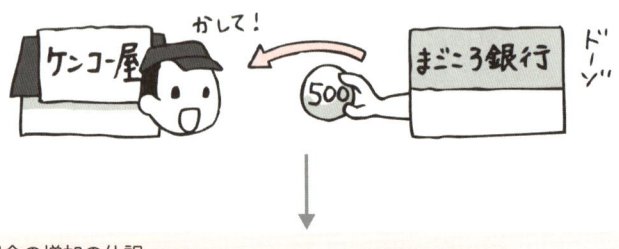

●現金の増加の仕訳

借方科目	金　額	貸方科目	金　額
現　　　金	資産　500	借　入　金	500

現金（資産）の増加

こちら側の勘定科目は6章で説明します

例 2-2 借入金 500 円を現金で返済した。

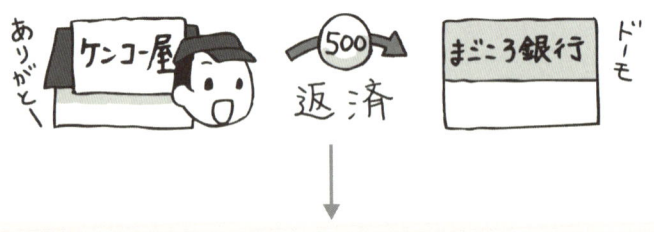

●現金の減少の仕訳

借方科目	金　額	貸方科目	金　額
借　入　金	500	現　　　金	資産　500

こちら側の勘定科目は6章で学習します

現金（資産）の減少

3 現金過不足

> おサイフの中にある現金と帳簿上の現金との差額を「現金過不足」という

おこづかい帳をつけていて、
おサイフの中にある現金の額と、
おこづかい帳の現金残高が
異なっていたことってありませんか？

おこづかい帳の現金残高が1,200円なのに、
おサイフの中には1,000円しかない、
という場合です。

このような帳簿（おこづかい帳）上の現金の金額と、
実際にある現金（おサイフ）の金額との差額を
現金過不足といいます。

現金過不足

帳簿上の現金残高と実際の現金有高との差額

> 帳簿上の現金残高がおサイフの中にある
> 現金の額と一致するように修正！

現金過不足が生じた場合は、とりあえず、
帳簿上の現金残高が実際の現金の金額になる
ように、帳簿上の現金の額を修正します。

ですから、**帳簿上の現金残高が 1,200 円なのに、**
実際の現金は 1,000 円しかないという場合は、
帳簿上の現金残高が 1,000 円になるように、
現金 200 円を減算します。

借方科目	金　額	貸方科目	金　額
		現　　　　金	200

現金（資産）の減少

そして、反対側には「**現金過不足**」と記入します。

借方科目	金　額	貸方科目	金　額
現 金 過 不 足	200	現　　　　金	200

同様に、**帳簿上の現金残高が 850 円なのに、**
実際の現金は 1,000 円あるという場合は、
帳簿上の現金残高が 1,000 円になるように、
現金 150 円を加算し、相手科目には「**現金過不足**」と記入します。

借方科目	金　額	貸方科目	金　額
現　　　　金	150	▶現 金 過 不 足◀	150

現金（資産）の増加

現金過不足の原因が判明したら、その勘定科目に変更する

いったん現金過不足を計上したものの、
あとからその原因が判明することがあります。

たとえば、帳簿上の現金残高が1,200円なのに、
実際の現金は1,000円しかなかったので、
200円を現金過不足で処理していたものの、
**あとになって、その200円は交通費の支払いであった
ことが判明したとしましょう。**

この場合、現金過不足が発生したときに、

借方科目	金　額	貸方科目	金　額
現 金 過 不 足	200	現　　　　金	200

という仕訳をしているので、
借方（か）に計上した現金過不足を取り消します。
具体的には、**現金過不足を貸方（し）に記入**するんですね。

借方科目	金　額	貸方科目	金　額
		▶現 金 過 不 足◀	200

以前に計上した現金過不足のうち原因判明分を取り消す

そして、相手科目には現金過不足の原因となった勘定科目を記入します。ここでは **旅費交通費（費用）** ですね。

　　　単に「交通費」で処理することもあります。

借方科目	金　額	貸方科目	金　額
▶旅 費 交 通 費◀ 費用	200	現 金 過 不 足	200

なお、現金過不足の原因が最後までわからなかった、ということもありますが、
この場合の処理については9章で説明します。

それでは、現金過不足の処理を一連の流れにそってみておきましょう。

例 2-3
①現金の実際有高が帳簿残高より200円不足していた。
②①の現金過不足は、旅費交通費（費用）の記入漏れであることがわかった。

①現金過不足発生時の仕訳

借方科目	金　額	貸方科目	金　額
現 金 過 不 足	200	現　　　　金	200

② 相手科目は「現金過不足」
① 現金の実際有高が不足
　→現金（資産）の減少

②原因判明時の仕訳

借方科目	金　額	貸方科目	金　額
旅 費 交 通 費	200	現 金 過 不 足	200

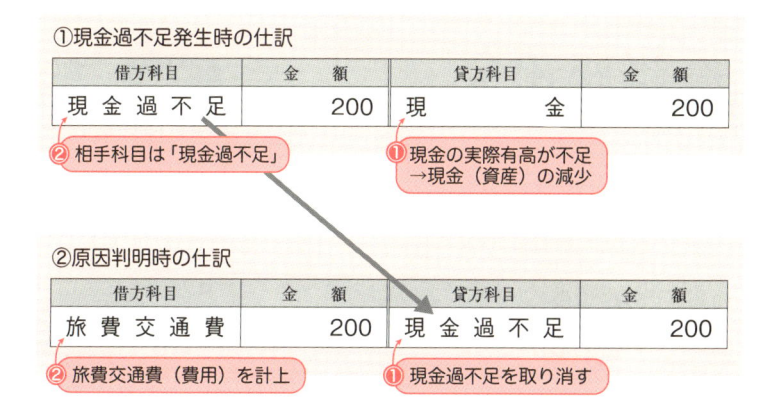

② 旅費交通費（費用）を計上
① 現金過不足を取り消す

例 2-4
① 現金の実際有高が帳簿残高より 100 円多かった。
② ①の現金過不足は、受取手数料（収益）の記入漏れであることがわかった。

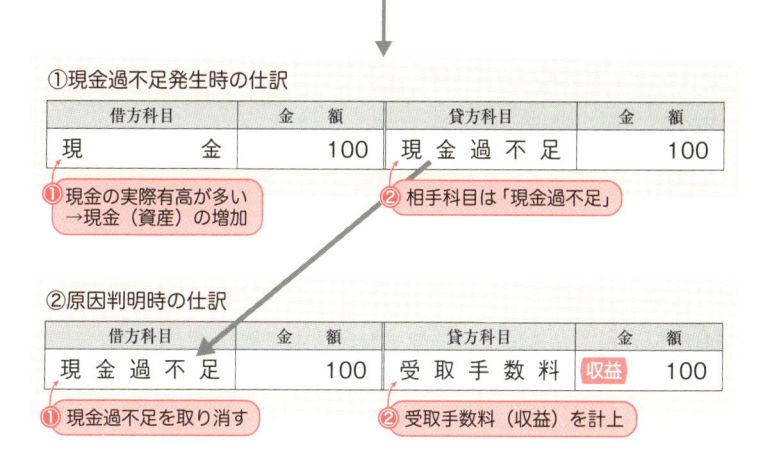

①現金過不足発生時の仕訳

借方科目	金　額	貸方科目	金　額
現　　　　金	100	現 金 過 不 足	100

① 現金の実際有高が多い
　→現金（資産）の増加
② 相手科目は「現金過不足」

②原因判明時の仕訳

借方科目	金　額	貸方科目	金　額
現 金 過 不 足	100	受 取 手 数 料　収益	100

① 現金過不足を取り消す
② 受取手数料（収益）を計上

3 現金過不足

2 章 現金と当座預金

4 当座預金

当座預金は決済専用の預金！

他人が振り出した小切手を受け取ったときは、
現金で処理することはすでに学習しましたが（P.38）、
ここでは小切手を振り出した側の処理についてみてみましょう。

銀行の振込票などをみると、預金の区分として、
「普通」と「当座」があるのをお気づきですか？

「普通」は普通預金のことですよね。
一方の「当座」は当座預金のことをいいます。

「当座預金って何？」

当座預金は銀行預金の1つですが、
預金を引き出すために小切手や手形を利用する
という特徴があります。
また、当座預金はいわゆる決済専用（支払専用）の預金なので、
利息がつかないという点も特徴的です。

> 当座預金口座に預け入れたときは、
> 「当座預金（資産）」の増加！

さて、当座預金口座の開設にあたって、
まずは当座預金口座に現金を預け入れます。

当座預金も預金の一種なので、
増えるとうれしいもの、資産ですね。
ですから、当座預金口座に預け入れたときは、
当座預金（資産）の増加として処理します。

たとえば、現金1,000円を当座預金口座に預け入れた
ときの仕訳は次のようになります。

例 2-5 現金1,000円を当座預金口座に預け入れた。

●預入時の仕訳

借方科目	金額	貸方科目	金額
当 座 預 金	資産 1,000	現　　　　金	1,000

② 当座預金口座に預け入れた
→当座預金（資産）の増加

① 現金を預け入れた
→手許の現金が減る
→現金（資産）の減少

4 当座預金

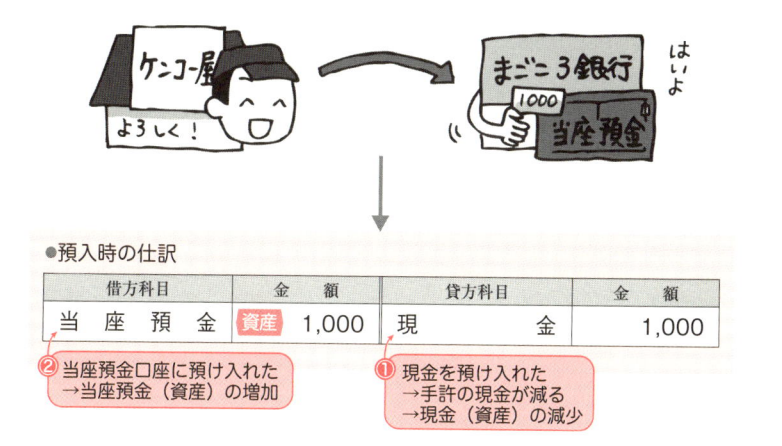

2章 現金と当座預金

> 小切手を振り出したときは、
> 「当座預金(資産)」の減少!

当座預金口座を開設すると、銀行から小切手帳を受け取ります。

そして、実際の支払時には小切手帳の1枚(小切手)に
金額を記入して、取引の相手方に渡します。

小切手を受け取った相手方が
この小切手を銀行に持っていくと、
銀行は現金を支払うわけですが、
このとき、銀行は**小切手を
振り出した人の当座預金口座から
支払いを行っています。**

つまり、**小切手を振り出すと当座預金が減少する**のです。
ですから、小切手を振り出した人は、
**小切手を振り出したときに
当座預金(資産)の減少として処理**します。

具体例を使って、
小切手を振り出したときの仕訳をみてみましょう。

例 2-6 商品 1,000 円を購入し、代金は小切手を振り出して支払った。

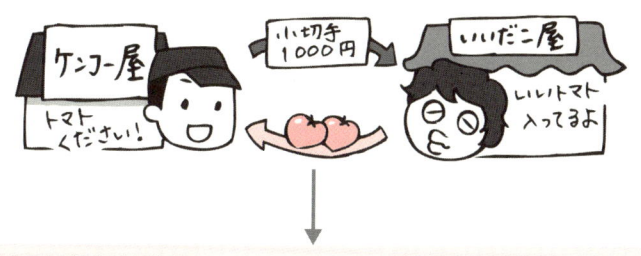

●小切手の振出時の仕訳

借方科目	金　額	貸方科目	金　額
商　品（仕　入）	1,000	当　座　預　金	1,000

こちら側の勘定科目は3章で説明します

小切手を振り出した→当座預金（資産）の減少

ここで注意したいのは、

小切手を振り出した場合は「当座預金」で処理し、

他人が振り出した小切手を受け取った場合は「現金」で処理する

ということです。

→これは現金の範囲で学習しましたね。

間違えやすいので、しっかり区別して覚えましょう。

小切手の処理

- 小切手を振り出した→当座預金の減少
- 他人振出しの小切手を受け取った→現金の増加

2章　現金と当座預金

5 当座借越

当座預金残高を超えても一定額までなら小切手を振り出すことができる

普通預金の残高が1,000円なのにもかかわらず、
2,000円を引き出す…
通常、こんなことはできませんよね。

当座預金も同じで、
当座預金残高を超える小切手を振り出すことはできません。
しかし、当座預金の場合、
銀行と**当座借越契約**という契約を結んでおけば、
契約額までならば、当座預金残高を超えて小切手を振り出しても
銀行が立て替えておいてくれます。

たとえば、「当座預金残高が足りなくても50万円までは銀行が立て替える」という当座借越契約を結んだ場合、当座預金残高が0円でも、50万円までの小切手を振り出すことができるのです。

この場合の銀行が立て替えた金額を**当座借越**といいます。

> なんでもかんでも「当座」で処理する方法を一勘定制という

当座借越の処理には、**一勘定制**と**二勘定制**の
2つの処理方法があります。

まずは**一勘定制**から…。
一勘定制とは、**当座預金の増減取引を「当座」という
1つの勘定科目で処理する方法**をいいます。

具体例をみてみましょう。

> **例 2-7** 商品1,500円を購入し、代金は小切手を振り出して支払った。なお、当座預金残高は1,000円で、銀行とは限度額5,000円の当座借越契約を結んでいる（一勘定制）。

●当座借越の仕訳／一勘定制

借方科目	金　額	貸方科目	金　額
商　品（仕　入）	1,500	当　　　　座	1,500

こちら側の勘定科目は
3章で説明します

前提：一勘定制
→当座預金（資産）の減少
→貸方に「当座」

なお、**例2-7**の状態で当座預金口座に現金を預け入れた場合の
仕訳は次のようになります。

2章　現金と当座預金

例 2-8 現金 3,000 円を当座預金口座に預け入れた（一勘定制）。

●当座借越解消の仕訳／一勘定制

借方科目	金　額	貸方科目	金　額
当　　　座	3,000	現　　　金	3,000

❷ 前提：一勘定制
　→当座預金（資産）の増加
　→借方に「当座」

❶ 現金を預け入れた
　→手許の現金が減る
　→現金（資産）の減少

「当座預金（資産）」と「当座借越（負債）」で処理する方法を二勘定制という

次に二勘定制です。

二勘定制の場合、当座借越が生じたときは、

当座預金残高までは当座預金（資産）の減少で処理し、

当座預金残高を超える金額は当座借越（負債）で処理します。

「当座預金と当座借越の２つの勘定を用いるから二勘定制なんだね！」

当座借越は銀行に対する借金なので、**負債**です。

ですから、**当座借越が生じた場合は負債の増加**。

したがって、貸方（ L ）に「当座借越」と記入するのです。

さきほどの**例 2-7** を二勘定制で処理すると次のようになります。

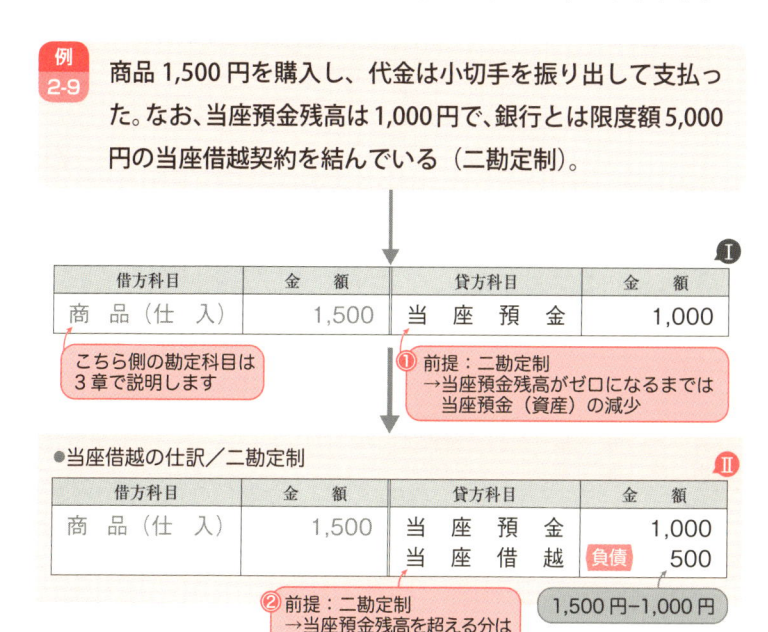

> **例 2-9** 商品 1,500 円を購入し、代金は小切手を振り出して支払った。なお、当座預金残高は 1,000 円で、銀行とは限度額 5,000 円の当座借越契約を結んでいる（二勘定制）。

Ⅰ

借方科目	金　額	貸方科目	金　額
商　品（仕　入）	1,500	当　座　預　金	1,000

こちら側の勘定科目は3章で説明します

❶前提：二勘定制
→当座預金残高がゼロになるまでは当座預金（資産）の減少

●当座借越の仕訳／二勘定制

Ⅱ

借方科目	金　額	貸方科目	金　額
商　品（仕　入）	1,500	当　座　預　金	1,000
		当　座　借　越 　負債	500

1,500 円 − 1,000 円

❷前提：二勘定制
→当座預金残高を超える分は当座借越（負債）で処理

そして、当座預金口座に現金を預け入れたときには、
まずは当座借越（負債）を減少させ、
当座借越を超える分は当座預金（資産）の増加で処理します。

借金から返します。

5 当座借越

2章　現金と当座預金

例 2-10 現金 3,000 円を当座預金口座に預け入れた。なお、当座借越が 500 円生じている（二勘定制）。

I

借方科目	金　額	貸方科目	金　額
当　座　借　越	負債 500	現　　　　金	3,000

② 前提：二勘定制
　→まずは当座借越（負債）を減少させる

① 現金を預け入れた
　→手許の現金が減る
　→現金（資産）の減少

● 当座借越解消の仕訳／二勘定制

II

借方科目	金　額	貸方科目	金　額
当　座　借　越	500	現　　　　金	3,000
当　座　預　金	2,500		

③ 前提：二勘定制
　→当座借越を超える分は当座預金（資産）で処理

3,000 円−500 円

一勘定制と二勘定制

・一勘定制…当座預金の増減取引を「当座」で処理する方法
・二勘定制…当座預金の増減取引を「当座預金」と「当座借越」で処理する方法

☆「小口現金」…その前に。

営業部のハラダです。
入社3年目
お仕事にも慣れました

毎日、電車やバスに乗ってお客さまのところに行くのですが…
いってきまーす
電車
バス

ハラダ氏
ぬおー
6F 経理部
2F 営業部
若いから階段でいくぜ!!

電車代やバス代をいちいち6Fの経理部までもらいに行くのはメンドウ…

経理の人はいつもはやさしいのですが…
せっ…1,000円ください
ハァ ゼエ
ハーイおつかれ
1000円

忙しいときはちょっとコワイ
月末処理はお早めに!
コスト削減! by経理部
あの…切手代を3,000円ほど…
またアンタ?!
がぅ!
忙しい

コスト削減! by経理部
ふんっ
こわい…でもくれた…

お互いストレスたまるな〜ってことも…

ある日…。

各部署の事務担当の人
集合〜！

ガンガン

なんだなんだ

わらわら

ハイ
ハイ
広報
企画
営業
イズミちゃん
企画
制作
制作

これからは
ちょっとした支払いは
それでやって

企画 営業 制作

で 1週間ごとに
使った金額と内容を報告して

この紙に
書いてね

ぴらっ

そしたら 使った金額だけ
また補給するから

こんな風に

なになに
600円…？

さっきの紙

はい 600円ね！

600

なるほど〜

じゃあ
解散！

よろしくね〜

おつかれっしたー

営業 制作 企画

営業部
ただいま
です
バタン
何そのサイフ？
おかえりー
かくかく
しかじか・・・
なので　こんどから
電車代とか
私に言ってくださいね
おおーそりゃベンリ!!
じゃあ
イズミちゃんが
仕訳とかするの？
ボキできたっけ？
イス
違いますよー
私はこれを…
管理して
報告するだけ
おうおう！
いわば
管理
奉行〜
〜？
その報告をもとに
経理の人が仕訳するんじゃ
ないですか〜？
そっか〜
へ、へぇ…
なんだ今の
そうだ　なんか　コレ
"小口現金"
っていうらしいですよ
小さいがマロに入れるから
営業
へぇ〜
なーんて、
コレは
ウソですけど☆
な〜んだ
イズミちゃん…
では
小口現金
みていき
ましょう！

6 小口現金

日々の細かい支払いは部署ごとに管理して！

日商3級で学習する簿記は、お花屋さんや八百屋さんのような、
個人商店における簿記ですが、イメージしやすいように、
ここでは会社を前提として説明します。

会社のお金の管理は経理部で行い、
取引のつど、経理部で仕訳をします。
ここで、さきほどのマンガに出てきた6階に経理部がある会社を
イメージしてみてください。

原田くんは営業部（2階）に所属しており、
毎日のようにバスや電車に乗って営業先に行っています。
バス代や電車代は会社負担ですから、
会社からバス代や電車代を受け取るわけですが、
毎日のように生じるバス代や電車代を
いちいち6階の経理部までもらいにいくのはメンドウです。

そこで、経理部から

各部署の担当者（営業部のイズミちゃん）に
一定のお金を渡しておき、
日々生じる少額の支払いはそのお金で行い、
一定期間後にどれだけ使ったかを経理部に報告する、
という制度を採用することがあります。
この場合の、担当者（イズミちゃん）に
渡されるお金を**小口現金**といいます。

なお、小口現金制度では、
経理部のように会社全体の
お金を管理する人を**会計係**といい、
各部署の小口現金を管理する担当者
（イズミちゃん）を**小口係**といいます。

> 会計係から小口係に小口現金を
> 渡したときは、「小口現金（資産）」の増加！

さっそく、小口現金の処理についてみてみましょう。

まずは会計係（経理部）から小口係（営業部のイズミちゃん）に
小口現金を渡したときの処理です。
会計係が小口係に小口現金を渡したとき、
各部署のおサイフに小口現金が入るので、
小口現金（資産）の増加となります。

2章　現金と当座預金

借方科目	金　額	貸方科目	金　額
▶小　口　現　金◀ 資産			

なお、簿記の問題では通常、
「会計係が小切手を振り出して小口係に渡す」
というパターンで出題されます。

「小切手を振り出す」わけですから、
この場合の相手科目は**当座預金**（の減少）となりますね。
では、具体例をみてみましょう。

例 2-11 会計係が小口係に前渡分として小切手1,000円を振り出して渡した。

●小口現金の前渡時（補給時）の仕訳

借方科目	金　額	貸方科目	金　額
小　口　現　金	1,000	当　座　預　金	1,000

② 各部署のおサイフの金額が増える
　→小口現金（資産）の増加

① 小切手を振り出した
　→当座預金の減少

> 小口係が支払いをしたときは、
> 会計係は登場しないので「仕訳なし」

次に、小口係（営業部のイズミちゃん）が
支払いをしたときの処理です。

原田くんが今日使った交通費を小口係に請求して、
小口係（イズミちゃん）がその金額を
原田くんに渡した場合ですね。

この場合、営業部のおサイフからお金が支払われているので、
一見、小口現金の減少で処理するように思いますが、
ここに会計係は登場していません。

→ここの登場人物は営業部員（原田くん）と小口係（イズミちゃん）ですね。

仕訳は会計係が行うため、
会計係が登場しない（会計係に報告がされていない）
取引についてはなんの仕訳もしません。

会計係は小口係から支払報告を受けたときに仕訳する

小口現金制度では、
1週間に一度あるいは1カ月に一度、
各部署の小口係（イズミちゃん）は
その期間に使った金額を
会計係に報告します。

6 小口現金

2章 現金と当座預金

そして、報告を受けたあと、
会計係が仕訳します。

このときの各部署の小口現金は
当初の金額よりも少なくなっているので、
会計係は**小口現金（資産）の減少**
として**処理**します。

借方科目	金　額	貸方科目	金　額
		▶小　口　現　金◀	××

また、支払内容に応じて相手科目を決定します。

主な小口現金の支払内容には、
電気代、水道代、切手代、文房具代、電車代などがありますが、
電気代や水道代は**水道光熱費（費用）**、切手代は**通信費（費用）**、
ボールペン代などの文房具代は**消耗品費（費用）**、
電車代は**旅費交通費（費用）**で処理します。
なお、来客用のお茶菓子を買ったときの支払いなど、
少額で重要性の低い支払いは**雑費（費用）**で処理します。

主な費目

水道光熱費…電気代、水道代、ガス代など
通　信　費…切手代、電話代など
旅費交通費…電車代、バス代、タクシー代など
雑　　　費…その他の少額の費用（お茶菓子代など）

水道光熱費などはすべて費用の勘定科目なので、
これらの勘定科目は仕訳の借方（り）に記入します。
では、具体例をみてみましょう。

> **例 2-12** 会計係は小口係から、電車代400円と切手代200円を支払ったという報告を受けた。

●小口現金の報告時の仕訳

借方科目	金額	貸方科目	金額
旅費交通費	400	小口現金	600
通信費	200		

各部署のおサイフの金額が減っている
→小口現金（資産）の減少

使った金額だけ小口現金を補給する

小口現金制度は、一定の小口現金を小口係に前渡しします。

→このような形態を定額資金前渡制度といいますが、このことばは覚えなくてもかまいません。

たとえば1週間分の小口現金が1,000円（定額）で、
今週600円を使ったとするならば、
週末に残っている金額は400円（1,000円－600円）ですよね。
ここで再度1,000円（定額）に戻すためには、
いくらを補給すればいいでしょうか？

「400円から1,000円にするんだから…?」

400円（残っている金額）から1,000円（定額）にするためには、600円（使った金額）だけ補給すればよいですね。
ですから、会計係は週末（または翌週の月曜）に小口係（イズミちゃん）に600円を渡すということになります。
なお、小口現金を補給したときの処理は小口現金の前渡時（**例2-11**）と同様です。

例2-13 会計係が小切手600円を振り出して小口現金を補給した。

●小口現金の補給時の仕訳

借方科目	金　額	貸方科目	金　額
小　口　現　金	600	当　座　預　金	600

② 各部署のおサイフの金額が増える
　→小口現金（資産）の増加

① 小切手を振り出した
　→当座預金（資産）の減少

ちなみに、小口係（イズミちゃん）の支払報告を受けたあと、ただちに小口現金を補給した場合の仕訳は
報告時（**例2-12**）と補給時（**例2-13**）
をあわせた仕訳となります。

例 2-14 会計係は小口係から、電車代 400 円と切手代 200 円を支払ったという報告を受けたため、ただちに小切手を振り出して小口現金を補給した。

例 2-12 報告時

借方科目	金額	貸方科目	金額
旅費交通費	400	~~小口現金~~	~~600~~
通信費	200		

例 2-13 補給時

借方科目	金額	貸方科目	金額
~~小口現金~~	~~600~~	当座預金	600

● 報告&補給時の仕訳

借方科目	金額	貸方科目	金額
旅費交通費	400	当座預金	600
通信費	200		

以上で現金と当座預金はおしまいです。
おつかれさまでした。

ここでサクトレ　基本問題 3 〜 7 を解きましょう！

6 小口現金

2 章　現金と当座預金

3章

商品売買

~商品を仕入れて、売り上げて…~

こんなことを学習します

・商品の仕入れの処理
・商品の売上げの処理
・返品や値引きがあったときの処理
・仕入れや売上げにかかる費用が
　発生したときの処理

7 商品の仕入れ

> 商品を仕入れたときは、「仕入(費用)」で処理する

3章では商品を買ったり、売ったりした場合の処理についてみていきます。
ちなみに、**商品とは店の売りもののことをいいます。**
八百屋さんならトマトやキュウリ、リンゴなどが商品です。
これはいいですね。

さて、商売をするにあたって、
まずは商品を買ってこなければなりません。
この商品を「買ってくる」ことを「**仕入れる**」といいます。

商品を仕入れてくると、
手許には商品というモノ、**資産が増えます。**
ですから、仕訳の借方（か）は「**商品**」となります。

借方科目	金　額	貸方科目	金　額
▶商　　品◀ 資産	××		

また、商品と引き換えに代金を支払わなければなりません。
商品代金を現金で支払ったとするならば、
現金（資産）の減少ですね。
ですから、貸方（し）は「現金」となります。

借方科目	金　額	貸方科目	金　額
商　　品	××	▶現　　金◀	××

…ふつうに考えると、商品を仕入れたときの仕訳は上記のように
なりますが、3級では商品を仕入れたときの借方科目は
「仕入」という費用の勘定科目で処理します。

「なんで、"仕入"で処理するの？」

なぜ、仕入（費用）で処理するのかというと、
仕入れた商品はその後、お客さんに販売されますが、
お客さんに販売されると、その商品の仕入価額は
売上という収益をあげるための支払額として費用になるからです。

たとえば、100円で仕入れた商品を150円で売ったら
儲けは50円（150円－100円）ですよね。
このように、販売価額から仕入価額を差し引いて儲けを計算する
わけですが、これを簿記のことばでいうと、
「収益から費用を差し引いて利益を計算する」となります。

150円－100円＝50円
　収益　　費用　　利益

3章　商品の仕入れ

ですから、たとえ商品を仕入れたときに**商品（資産）**で
処理していたとしても、商品が売れたら費用に変更して、
収益－費用で利益を計算するんですね。

だったら、
「最初から費用の勘定科目で処理すればいいんじゃない？」
ということで、
商品を仕入れたときに仕入（費用）で処理してしまうのです。

借方科目	金　額	貸方科目	金　額
▶仕　　　　　入◀ 費用	××		

ちょっと難しいので、結論だけおさえておいてください。

ちなみに、仕入（費用）で処理していて
売れ残りがあった場合には、売れ残った分の金額を
「仕入」から「**繰越商品**」という資産の勘定科目に
変更します。…これは9章で再度説明します。

なお、商品を仕入れたときに
商品（資産）で処理する方法を分記法、
仕入（費用）で処理する方法を三分法といいます。

> 商品売買を「仕入」「売上（後述）」「繰越商品」の3つの
> 勘定で処理するため、三分法といいます。
> このテキストでは三分法を前提として説明します。

では具体例を使って、
商品を仕入れたときの仕訳（三分法の場合）をみてみましょう。

> **例 3-1** いいだこ屋から商品8,000円を仕入れ、代金は現金で支払った。

●現金仕入の仕訳

借方科目	金　額	貸方科目	金　額
仕　　　入	8,000	現　　　金	8,000

② 商品を仕入れた
→仕入（費用）の発生

① 現金で支払った
→現金（資産）の減少

なお、例3-1のいいだこ屋のように、
当店が商品を仕入れているお店を**仕入先**といいます。

「仕入代金はあとで支払う」というときは、「買掛金（負債）」で処理する

さきほどみたように、商品を仕入れたときの代金を
現金で支払った場合は、**現金（資産）の減少として処理**しますが、
仕入れのたびにいちいち現金で支払うのはメンドウです。

そこで、同じ取引先から頻繁に商品を仕入れているなら、

「一定期間の仕入代金をあとでまとめて支払う」と
したほうが、お互い手間が省けていいですよね。
このように、「仕入代金をあとで支払う」ことを掛け
といいます。

掛けで商品を仕入れた場合、
仕入れたときは現金などを支払いませんが、
あとで支払わなければなりません。
この「あとで仕入代金を支払わなければならない義務」を
買掛金といいます。

「あとで仕入代金を支払わなければならない義務」を
負っていると思うと、
イヤ〜な気分になりますよね。
だから、買掛金は負債。

借方科目	金　額	貸方科目	金　額
		買　掛　金 負債	××

というわけで、商品を掛けで仕入れたときの仕訳は
次のようになります。

> **例 3-2** いいだこ屋から商品 8,000 円を仕入れ、代金は掛けとした。

●掛け仕入の仕訳

借方科目	金　額	貸方科目	金　額
仕　　　入	8,000	買　掛　金	8,000

❶ 商品を仕入れた
　→仕入（費用）の発生

❷ 代金は掛けとした
　→買掛金（負債）の増加

なお、一定期間後に買掛金を支払ったときは、
買掛金（負債）が減るので、仕訳は次のようになります。

例 3-3 いいだこ屋に対する買掛金 8,000 円を現金で支払った。

●買掛金の支払時の仕訳

借方科目	金　額	貸方科目	金　額
買　掛　金	8,000	現　　　金	8,000

❷ 買掛金を支払った
　→買掛金（負債）の減少

❶ 現金で支払った
　→現金（資産）の減少

返品や値引きがあったときは、その分だけ仕入時の仕訳を取り消す

商品を仕入れたものの、注文した商品と違っていた場合、
その商品は仕入先に戻します。
このように、いったん仕入れた商品を仕入先に戻すことを
返品または**仕入戻し**といいます。

また、仕入れた商品に傷や汚れがある場合、
返品せずに仕入代金の一部をまけてもらうことがあります。
このことを**仕入値引**といいます。

仕入戻しや仕入値引があったときは、
その分だけ、以前に計上した「仕入」を取り消します。

仕入時の借方と貸方を逆に記入します。

仕入戻しの例で、仕訳の仕方をみてみましょう。

> **例 3-4**
> ①いいだこ屋から商品8,000円を仕入れ、代金は掛けとした。
> ②①で仕入れた商品のうち3,000円分を返品した。

①仕入時の仕訳

借方科目	金　額	貸方科目	金　額
仕　　　入	8,000	買　掛　金	8,000

②返品時の仕訳

借方科目	金　額	貸方科目	金　額
買　掛　金	3,000	仕　　　入	3,000

返品分だけ仕入を取り消す

仕入れにかかる費用は通常、仕入金額に含めて処理する

商品を仕入れるさい、
運送料や保険料、手数料などがかかることがあります。
このような商品の仕入れにかかる諸費用を**仕入諸掛り**といいます。
仕入諸掛りの金額は、通常、**仕入金額に含めて処理**します。
たとえば、**商品 8,000 円を仕入れたときに
運送料 300 円がかかった**という場合、
借方・仕入 8,300 円（8,000 円 + 300 円）
となります。

ただし、運送料（仕入諸掛り）300 円がかかったけれども、
この運送料は仕入先が負担すべきものである場合には、
「立替金」という**資産の勘定科目で処理**します。

3章　商品売買

本来、仕入先が支払うべき運送料を当店が立て替えている、
だから勘定科目は「**立替金**」。
そして、立て替えた運送料は
あとで仕入先から受け取ることができる（うれしい！）ので
立替金は資産の勘定科目です。

また、仕入先が負担する仕入諸掛りについては
立替金（資産）で処理するほかに、
買掛金（負債）を減額してもらうということもあります。

「当店が立て替えた金額をあとで受け取る」なら、
「あとで当店が支払わなければならない金額を
減らしてもらっても同じじゃない？」と考えるわけですね。

どの方法で処理するかは問題文の指示にしたがってください。
なお、**なんの指示もない場合は、**
当店が負担すると考えて仕入金額に含めて処理します。

仕入諸掛りの処理

①当店負担の仕入諸掛り ⟶ 仕入金額に含める
②仕入先負担の仕入諸掛り ⟶ 立替金（資産）で処理する
　　　　　　　　　　　　　　買掛金（負債）を減額する

では、具体例を使って処理を確認しておきましょう。

> **例 3-5** いいだこ屋から商品 8,000 円を掛けで仕入れ、運送料 300 円を現金で支払った。
> ① 運送料 300 円は当店負担の場合
> ② 運送料 300 円はいいだこ屋負担の場合（立替金で処理）
> ③ 運送料 300 円はいいだこ屋負担の場合（買掛金を減額）

① 当店負担の仕入諸掛りの処理

借方科目	金　額	貸方科目	金　額
仕　　　入	8,300	買　掛　金	8,000
		現　　　金	300

> 仕入諸掛りは仕入金額に含める
> 8,000 円＋300 円

② 仕入先負担の仕入諸掛りの処理（立替金で処理）

借方科目	金　額	貸方科目	金　額
仕　　　入	8,000	買　掛　金	8,000
立　替　金	資産 300	現　　　金	300

> 仕入諸掛りは仕入金額に含めない

③ 仕入先負担の仕入諸掛りの処理（買掛金を減額）

借方科目	金　額	貸方科目	金　額
仕　　　入	8,000	買　掛　金	8,000
買　掛　金	300	現　　　金	300

> 仕入諸掛りの金額だけ買掛金（負債）を減額
> ＊「買掛金」を相殺して次のように仕訳しても OK！
>
> | 借方科目 | 金　額 | 貸方科目 | 金　額 |
> |---|---|---|---|
> | 仕　　　入 | 8,000 | 買　掛　金 | 7,700 |
> | | | 現　　　金 | 300 |

> 商品を受け取る前に支払った金額は
> 「前払金（資産）」で処理する

商品の仕入れに先立ち、
商品代金の一部を現金等で支払うことがあります。

たとえば、8,000円の商品を仕入先に注文したときに、
代金のうち1,000円をさきに現金で支払っておいた
という場合です。
この場合の、さきに支払った代金の一部を
手付金や**内金**といいます。

手付金や内金を支払った場合、
商品を引き渡してもらえる権利が生じます。
そこで、手付金や内金を支払ったときは、
「**前払金**」という資産の勘定科目で処理します。

→前もって支払った金額なので前払金。

借方科目	金　額	貸方科目	金　額
▶前　払　金 資産	××	現　　　金	××

ここで注意していただきたいのは、
商品を注文しただけでは、まだ仕入（費用）を計上しない
ということです。
商品が手許に届いてから、仕入（費用）を計上するのです。

なお、実際に商品が手許に届いたときは、

さきに支払った前払金が商品代金に充当されるので、
前払金（資産）の減少として処理します。

それでは、商品の注文から受け取りまでの処理を
具体例を使ってみてみましょう。

> **例 3-6**
> ①商品 8,000 円を注文し、手付金として 1,000 円を現金で支払った。
> ②①で注文した商品 8,000 円を受け取り、さきに支払っていた手付金 1,000 円を減額した残額（7,000 円）は月末に支払うこととした。

①注文時の仕訳

借方科目	金額	貸方科目	金額
前　払　金	1,000	現　　　金	1,000

❷ 支払った手付金の分だけ前払金（資産）で処理
❶ 現金で支払った →現金（資産）の減少

②商品の受取時の仕訳

❷ 前払金（資産）の減少

借方科目	金額	貸方科目	金額
仕　　　入	8,000	前　払　金	1,000
		買　掛　金	7,000

❶ 商品の受取時に仕入（費用）を計上
❸ 残額は月末支払い →買掛金（負債）の増加

3章　商品売買

8 商品の売上げ

> 商品を売り上げたときは、
> 「売上（収益）」で処理する

ここでは商品を売ったときの処理についてみていきます。
…といっても、商品を売ったときの処理は
商品を仕入れたときの処理を逆の立場からみただけなので、
あまり難しいことはありません。
では、いきましょう。

まずは用語から。
商品を「売る」ことを「売り上げる」といいます。
また、商品を売り上げた相手、
つまりお客さんのことを得意先といいます。

ここまではよろしいですか？

では、商品を売り上げたときの処理です。
商品を売り上げたときは、3級（三分法）では、
「売上」という収益の勘定科目を用いて、売価で処理します。

借方科目	金　額	貸方科目	金　額
		売　　　　　上	収益 ×× 売価

ですから、仕訳は次のようになります。

> **例 3-7** 8,000円で仕入れた商品をイタメシ屋に10,000円で売り上げ、代金は現金で受け取った（三分法）。

●現金売上の仕訳

借方科目	金　額	貸方科目	金　額
現　　　　　金	10,000	売　　　　　上	10,000

① 現金で受け取った
→現金（資産）の増加

② 商品を売り上げた
→売上（収益）の発生

> **「代金はあとで受け取る」というときは、「売掛金（資産）」で処理する**

次に、商品を売り上げて代金はあとで受け取るという場合、
つまり**掛けで商品を売り上げた場合の処理**です。

掛けで商品を売り上げた場合、
売り上げたときは現金などを受け取りませんが、

3章　商品売買

あとで受け取ることができます。
この「あとで商品代金を受け取ることができる権利」を
売掛金（うりかけきん）といいます。

「あとで商品代金を受け取ることができる権利」なので、
売掛金は資産。買掛金の逆ですね。

借方科目	金　額	貸方科目	金　額
売　掛　金	資産　××		

したがって、商品を掛けで売り上げたときの仕訳は
次のようになります。

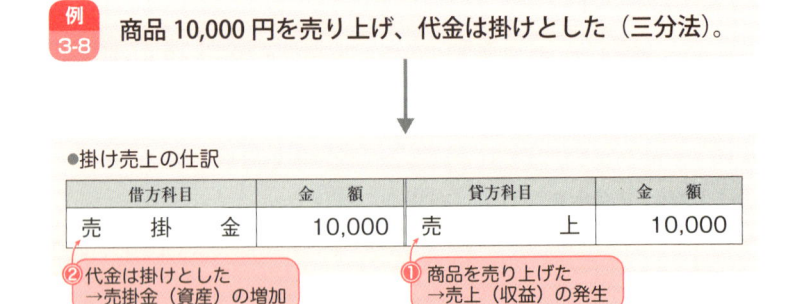

例3-8　商品10,000円を売り上げ、代金は掛けとした（三分法）。

●掛け売上の仕訳

借方科目	金　額	貸方科目	金　額
売　掛　金	10,000	売　　　上	10,000

❷代金は掛けとした
　→売掛金（資産）の増加

❶商品を売り上げた
　→売上（収益）の発生

そして、一定期間後に掛け代金を受け取ったときは、
売掛金（資産）が減るので、仕訳は次のようになります。

> **例 3-9** 売掛金 10,000 円を現金で受け取った。

●売掛金の回収時の仕訳

借方科目	金　額	貸方科目	金　額
現　　　金	10,000	売　掛　金	10,000

① 現金で受け取った
→現金（資産）の増加

② 売掛金を回収した
→売掛金（資産）の減少

> **返品や値引きがあったときは、
> その分だけ売上時の仕訳を取り消す**

つづいて、返品や値引きがあった場合の処理です。

品違いなどを理由に、
いったん売り上げた商品が得意先から戻されることを
返品または**売上戻り**といいます。

3章　商品売買

8 商品の売上げ

また、売り上げた商品に傷や汚れがあるため、
売上代金の一部をまけることを**売上値引**といいます。

売上戻りや売上値引があったときは、
以前に計上した「売上」を取り消します。
考え方は仕入戻しや仕入値引と同じですね。

売上戻りの例で、仕訳の仕方をみてみましょう。

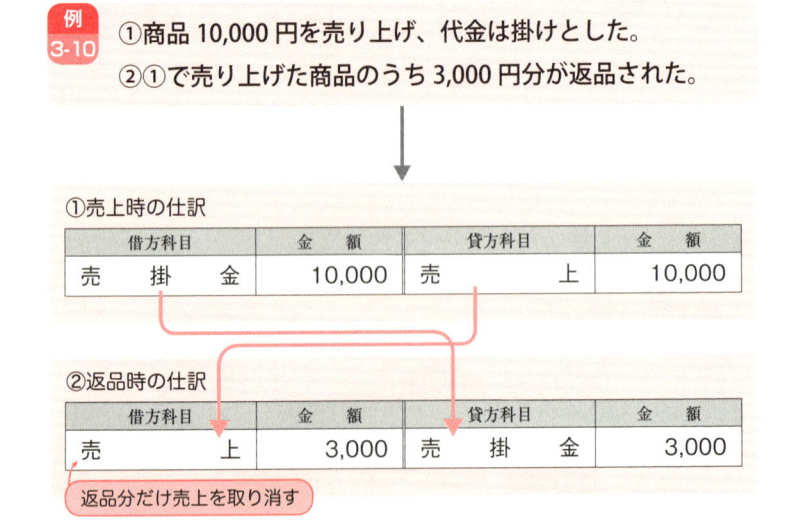

> **例 3-10**
> ①商品 10,000 円を売り上げ、代金は掛けとした。
> ②①で売り上げた商品のうち 3,000 円分が返品された。

①売上時の仕訳

借方科目	金　額	貸方科目	金　額
売　掛　金	10,000	売　　　上	10,000

②返品時の仕訳

借方科目	金　額	貸方科目	金　額
売　　　上	3,000	売　掛　金	3,000

返品分だけ売上を取り消す

> 売上げにかかる費用は、当店負担なら「発送費（費用）」、得意先負担なら「立替金（資産）」

商品の売上げにかかる発送運賃などを
販売諸掛りといいます。

販売諸掛りを**当店が負担する場合**は、
「発送費」という費用の勘定科目で処理しますが、
得意先が負担する場合は、立替金（資産）で処理します。

本来、得意先が支払うべき金額を当店が立て替えているので、
「立替金」ですね。
この考え方は、仕入先負担の仕入諸掛りの場合と同じです。

また、得意先が負担する販売諸掛りについては
立替金（資産）で処理するほかに、
売掛金（資産）に含めて処理するということもあります。

「当店が立て替えた金額をあとで受け取る」なら、
「売掛金に含めてしまっても同じじゃない？」と考えるわけです。

販売諸掛りの処理

①当店負担の販売諸掛り　→　発送費（費用）で処理
②得意先負担の販売諸掛り　→　立替金（資産）で処理する
　　　　　　　　　　　　↘　売掛金（資産）に含める

では、具体例を使って各場合の処理を確認しておきましょう。

> **例 3-11** イタメシ屋に商品 10,000 円を掛けで売り上げ、運送料 300 円を現金で支払った。
> ①運送料 300 円は当店負担の場合
> ②運送料 300 円はイタメシ屋負担の場合（立替金で処理）
> ③運送料 300 円はイタメシ屋負担の場合（売掛金に含める）

①当店負担の販売諸掛りの処理

借方科目	金　額	貸方科目	金　額
売　掛　金	10,000	売　　　上	10,000
発　送　費	費用 300	現　　　金	300

当店の費用（発送費）として処理

②得意先負担の販売諸掛りの処理（立替金で処理）

借方科目	金　額	貸方科目	金　額
売　掛　金	10,000	売　　　上	10,000
立　替　金	300	現　　　金	300

立替金（資産）で処理

③得意先負担の販売諸掛りの処理（売掛金に加算）

借方科目	金　額	貸方科目	金　額
売　掛　金	10,300	売　　　上	10,000
		現　　　金	300

売掛金に含めて処理
10,000 円＋300 円

商品を渡す前に受け取った金額は「前受金（負債）」で処理する

最後に商品の売上げに先立ち、
得意先から手付金や内金を受け取ったときの処理です。

手付金や内金を受け取った場合、
**受け取った金額分だけ
商品を引き渡さなければならない義務**
が生じます。
そこで、手付金や内金を受け取ったときは、
「前受金」という負債の勘定科目で処理します。

→前もって受け取った金額なので前受金。

借方科目	金　額	貸方科目	金　額
現　金　な　ど	××	前　受　金 負債	××

そして、**商品を得意先に渡したときに、
売上（収益）を計上**します。
このとき、さきに受け取った前受金は商品代金に充当されるので、
前受金（負債）の減少として処理します。

それでは、商品の注文を受けたときから引き渡しまでの処理を
具体例を使ってみてみましょう。

例 3-12
① 商品 8,000 円の注文があり、手付金として 1,000 円を現金で受け取った。
② ①で注文を受けた商品 8,000 円を発送し、さきに受け取っていた手付金 1,000 円を減額した残額（7,000 円）は月末に受け取ることとした。

①注文を受けたときの仕訳

借方科目	金　額	貸方科目	金　額
現　　　　金	1,000	前　受　金	1,000

❶ 現金で受け取った
→現金（資産）の増加

❷ 受け取った手付金の分だけ前受金（負債）で処理

②商品の引渡時の仕訳　　❷前受金（負債）の減少

借方科目	金　額	貸方科目	金　額
前　受　金	1,000	売　　　　上	8,000
売　掛　金	7,000		

❶ 商品の引渡時に売上（収益）を計上

❸ 残額は月末に受け取る
→売掛金（資産）の増加

仕入れの場合と売上げの場合では、どこが異なるのかをしっかり見比べておいてください。

これで商品売買はおわりです。商品売買はとても重要なので、試験を受ける方は問題(サクトレ)をしっかり解いておいてください。

　　ここでサクトレ 基本問題 8～13、22 を解きましょう！

☆「商品売買」…そのあとに。

みなさんこんにちは
おくとぱっすんです
覚えててくれました？
忘れてしまってかまいませんが

突然ですがここで…
ぱっすんの目のアップ

ボキクイズ！
チャッ チャラー
復習テストみたいなもんです

第1問 商品を仕入れて、代金は後払いとしました。このときの…

トマトおくれ 代金はあとでう　まいど！

「あとで代金を支払わなければならないギム」は何という勘定科目で処理する？

支払義務 ずしっ

第2問 商品を仕入れるさいにかかった運送料。当店が負担する場合の処理は？

運送料300円
8000円 商品

第3問 商品を注文するさいに、手付金を支払いました。この手付金は何という勘定科目で処理する？

さきに払っとく
1000円

第4問 商品を売り上げて、代金はあとで受け取るとした場合の「あとで代金を受け取れる権利」は何という勘定科目で処理する？

ちょっと疲れましたか？
大丈夫ですか？

あとでお金を受け取れるぞ～

ラスト！

第5問 商品を売り上げたさいにかかった運送料。当店が負担する場合の勘定科目は…？

第6問 商品の注文を受けたさいに手付金を受け取りました。この手付金は何という勘定科目で処理する？

よっ

さきに払っておきマス

ずしっ

これが答えです

みなさんできましたか？

それでは引き続きがんばりましょう

第1問：買掛金（負債）
第2問：仕入金額に含める
第3問：前払金（資産）
第4問：売掛金（資産）
第5問：発送費（費用）
第6問：前受金（負債）

チェキ！

4章

手形の取引
～手形を受け取った人が代金を受け取る～

こんなことを学習します

・約束手形の処理
・為替手形の処理
・手形を割り引いたときの処理
・手形を裏書譲渡したときの処理

☆「約束手形」…その前に。

商品代金を後払いすることを「掛け」といいますが、

ごめ～ん 少し待って

ホントに払ってくれるのかな…

掛けとしたことにより、代金がちゃんと回収できるかという不安があります。

こんなとき、手形というものを用いることがあります。

あっ 手形にしてくれない？

手形？何ソレ？

手形（約束手形）とは…

このようなもの↘

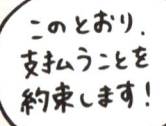

このとおり、支払うことを約束します！

約束手形

¥8,000※

振出人：ケンコー屋

支払期日
　×年×月×日
支払場所
　まごころ銀行
　〇〇支店

← この日に

← ここから

支払われるので確実に支払いがなされる

じゃあ、銀行にお金を入れとかなきゃ引き落とされないね…

フフフ…

と思うかもしれませんが…

引き落とせませ〜ん

ブップー

まごころ銀行

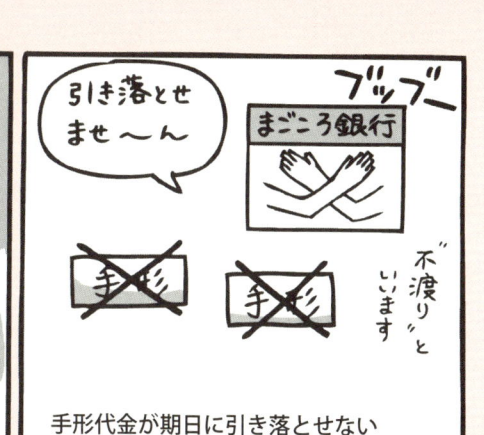

"不渡り"といいます

手形代金が期日に引き落とせないということが6カ月以内に2回あると

金融機関に通知され、銀行取引が停止します。

もうアナタとは取引できません

まごころ銀行

え?!

くるなよ!
やすらぎ銀行

こないで〜
ゆうがお銀行

ガラガラ ピシャー

ええー?!!

事業資金が足りなくなっても当然、融資してもらえません。

お金がなくて

信用もガタ落ち…

あいつ不渡り出したって

OH〜 取引ヤメマショー

うう…

事実上、**倒産**…

ケンコー屋
倒産

さらば〜

ピュ〜

だから、手形によると支払いが確実なものになるのです。

支払期日までにお金入れとかなきゃ〜！

まごころ銀行

いそげ、いそげ！

ちなみに…

掛け代金の支払期日よりも手形の支払期日のほうが通常長く設定できます。

1〜2カ月後とか
掛け代金

3〜4カ月後とか
手　形

ですから、代金を支払う側としては、手形取引のほうが支払いを遅らせることができて"有利"ということもあります。

今月は資金繰りが苦しい…

ここはいっちょ手形で！

手形

それでは、「手形の処理」、はじまりはじまり〜

手形

9 約束手形

> 「〇カ月後に支払います」と約束した証券だから約束手形！

手形とは、一般的には文字どおり「手の形」のことですが、むかし、一定の内容を証明するために、墨を塗った手を紙に押しつけて手形をつけたことから、
一定の内容を証明する書類
という意味もあります。

簿記では、手形といったら、
「いつまでにいくらを支払う」ということが記載された証券
のことをあらわします。

証券とは権利や義務をあらわす紙のことをいいます。

簿記で学習する手形には、**約束手形**と**為替手形**
の2種類があります。
まずは約束手形からみてみましょう。

約束手形の登場人物は2人。
約束手形に記入して渡した人と、約束手形を受け取った人です。

4章 手形の取引

なお、手形や小切手に金額等を記入して相手に渡すことを
「振り出す」といいます。
ですから、約束手形に記入して渡した人を**振出人**、
約束手形を受け取った人を**受取人**といいます。

> 振出人のことを**支払人**、受取人のことを**名宛人**ともいいますが、
> これらの名称を知らなくても、受取手形を**振り出したのか**、
> **受け取った**のかがわかれば仕訳ができるので、とりあえず
> 振出人、受取人でおさえてください。

約束手形は、手形の振出人が受取人に対して、
「**手形に記載した日に、記載した金額を支払います**」
と約束する証券で、次のような形をしています。

```
受取人＝名宛人                 支払期日（満期日ともいいます）と支払場所

No.15   約束手形   B04120
        東京都新宿区 ×-×-×          支払期日 平成×年6月30日
収入                                支払地  東京都千代田区
印紙    いいだこ屋 伊井多古作 殿    支払場所 ㈱まごころ銀行
        金額  ¥8,000※                              竹橋支店

        上記金額をあなたまたはあなたの指図人へこの約束手形と引き換えにお支払いいたします。

振出人   平成×年4月1日
＝支払人 振出地 東京都千代田区
         住 所 神田神保町 ×-×-×
         振出人 ケンコー屋  早起健太
```

> 約束手形を振り出したら、「支払手形(負債)」で処理する

約束手形＝振出人の受取人に対する支払いを約束する証券
ということは、約束手形を振り出したら、
振出人には支払義務が生じますよね。

この約束手形の振り出しによって生じる支払義務は
「支払手形」という負債の勘定科目で処理します。
したがって、約束手形を振り出したときには、
(支払手形という負債が増えるので) 貸方 (し) に記入します。

借方科目	金　額	貸方科目	金　額
		▶支　払　手　形◀ 負債	××

そして、支払期日に手形代金を支払ったときは、
支払義務がなくなるので、借方 (り) に記入します。

借方科目	金　額	貸方科目	金　額
▶支　払　手　形◀ 負債	××		

なお、手形代金や掛け代金を支払うことを**「決済する」**といいます。

9 約束手形

4章 手形の取引

では具体例を使って、
振出人（ケンコー屋）の仕訳をみてみましょう。

> **例 4-1**
> 4月1日　ケンコー屋は、いいだこ屋から商品 8,000 円を仕入れ、約束手形を振り出した。
> 6月30日　4月1日に振り出した約束手形が決済され、（ケンコー屋の）当座預金口座から 8,000 円が引き落とされた。

●4月1日（振出時）の仕訳／ケンコー屋

借方科目	金　額	貸方科目	金　額
仕　　入	8,000	支 払 手 形	8,000

❶ 商品を仕入れた
→仕入（費用）の発生

❷ 約束手形を**振り出した**
→支払手形（負債）の増加

●6月30日（決済時）の仕訳／ケンコー屋

借方科目	金　額	貸方科目	金　額
支 払 手 形	8,000	当 座 預 金	8,000

❷ 支払手形が決済された
→支払手形（負債）の減少

❶ 当座預金口座から引き落とされた
→当座預金（資産）の減少

> 約束手形を受け取ったら、
> 「受取手形（資産）」で処理する

つづいて、約束手形の**受取人の処理**です。

約束手形を受け取ることにより、
受取人には、約束手形に記載された日に、記載された金額を
受け取ることができる権利が生じます。

この約束手形の受け取りによって生じる権利は
「受取手形」という資産の勘定科目で処理します。
したがって、約束手形を受け取ったときは、
（受取手形という資産が増えるので）借方（り）に記入します。

借方科目	金　額	貸方科目	金　額
▶受　取　手　形◀ 資産　××			

そして、支払期日に手形代金が支払われたときは、
もはやその権利がなくなるので、貸方（し）に記入します。

借方科目	金　額	貸方科目	金　額
		▶受　取　手　形◀ 資産	××

さきほどの**例4-1**をこんどは受取人（いいだこ屋）の立場からみて、

受取人（いいだこ屋）の仕訳を確認しておきましょう。

> **例 4-2**
> 4月1日　いいだこ屋は、ケンコー屋に商品8,000円を売り上げ、代金はケンコー屋振出しの約束手形で受け取った。
> 6月30日　4月1日に受け取った約束手形が決済され、（いいだこ屋の）当座預金口座に8,000円が入金された。

●4月1日（受取時）の仕訳／いいだこ屋

借方科目	金額	貸方科目	金額
受 取 手 形	8,000	売 上	8,000

②約束手形を受け取った
→受取手形（資産）の増加

①商品を売り上げた
→売上（収益）の発生

●6月30日（決済時）の仕訳／いいだこ屋

借方科目	金額	貸方科目	金額
当 座 預 金	8,000	受 取 手 形	8,000

①当座預金口座に入金された
→当座預金（資産）の増加

②受取手形が決済された
→受取手形（資産）の減少

約束手形の処理

①約束手形を振り出した→支払手形（負債）で処理
②約束手形を受け取った→受取手形（資産）で処理

☆「為替手形」…その前に。

うちは3人兄弟。仲はいいです。

お兄ちゃん / あたし / 弟
兄 / 私 / 弟

1週間前、お兄ちゃんから1万円を借りました。

お兄ちゃん お金貸して～？
しょうがないな～

今月末に返す予定です。

今日、弟がきて

お姉ちゃん 1万円貸してー

内心… え～？

たのみます

と思いましたが

バイト代も入ったことだし貸しました。

ちゃんと返すのよ
今月末に返すよ～！

お姉ちゃんありがと～
バタン

はいはい

今月末に、弟から1万円を返してもらって…

サンキュー
くるしゅうない

お兄ちゃんに1万円を返す…

ありがとう
おぅ！
ということは…

弟から直接、お兄ちゃんに返してもらってもよいのでは？

私は スルー
弟　1万円 →　兄

交渉にいかねば！
だっ

弟のへや
コンコン.
ちょっといいかな？
ガチャ
わっ！

なっ なーに？
さっきのお金
返せとか言わないでね

言わないわよ

さっきの1万円さ　今月末に
あたしじゃなくて
お兄ちゃんに返してくれない？

なんだ
別にいいよー
いやー
実はアタシも
お兄ちゃんに
1万円借りててさ…

引き受け！

お兄ちゃ～ん

コンコン

かくかく
しかじかで…

フムフム

…なので弟
から直接返すってこと
でいいかなぁ？

わかった
それでいいよ

快諾

よっしゃ

そして今月末…

無事みんなの借金関係がなくなりました。

これと同じようなことを手形を使って行うのが次で学習する"為替手形"です

さっそくいってみましょう！

10 為替手形

> 「私の代わりに代金をあの人に払っておいて」と依頼する証券を**為替手形**という

ここでは**為替手形の処理**を学習します。

さきほどのマンガでは、
兄、あなた、弟の3人兄弟でお金の貸し借りをしています。

あなたは1週間前に兄から1万円を借り、
今月末に返す約束をしました。

そして今日、弟に1万円を貸し、
今月末に返してもらう約束をしました。

あなたは今月末にいくら受け取り、
いくら支払いますか？

…答えは簡単ですね。
1万円を弟から受け取り、1万円を兄に支払う、
ですよね。

これをお金（1万円）の流れでみてみると、
弟から受け取った1万円をそのまま兄に渡したのと同じです。
ということは、弟から兄に直接支払ってもらっても、
あなたも兄も弟も、結果は同じです。

そこで、あなたは弟に
「今日貸した1万円、アタシじゃなくて、お兄ちゃんに返して」
と言い、弟が了解したら、兄にも
「1週間前に借りた1万円、弟から返してもらって」
と伝えます。
こうしておけば、今月末に弟から兄に1万円が支払われて、
貸借関係がなくなりますね。

ここでは、あなたが弟に口頭で
「今日貸した1万円、アタシじゃなくてお兄ちゃんに返して」
と頼んでいますが、この内容をあらわす手形が為替手形です。

つまり、**為替手形**とは、
**「自分（あなた）の代わりに手形に記載した日に、
記載した金額をあの人（兄）に支払ってください」
と依頼する証券**をいいます。

為替手形の登場人物は3人!

約束手形の登場人物は2人でしたが、
為替手形の登場人物は、支払いを依頼する人(あなた)、
代金を支払う人(弟)、代金を受け取る人(兄)の3人になります。

為替手形は支払いを依頼する人(あなた)が振り出します。
この人(あなた)のことを**振出人**といいます。

振り出された為替手形は、代金を受け取る人(兄)に渡されます。
この人(兄)を**受取人**とか**指図人**といいます。

そして、期日に代金を支払う人(弟)が
あなたの代わりに支払いを行います。
この人(弟)を**支払人**とか**名宛人**といいます。

→代金の支払いを引き受けた人なので、
「引受人」ともいいます。

4章 手形の取引

「あれ？ "名宛人"って約束手形では代金を受け取る人のことだったような…」

約束手形では、代金を受け取る人のことを「名宛人」
といいますが、
為替手形では、代金を支払う人のことを「名宛人」
といいます。

…ですが、名宛人や指図人などの名称を覚えなくても
仕訳はできるので、今は覚えなくていいですよ。

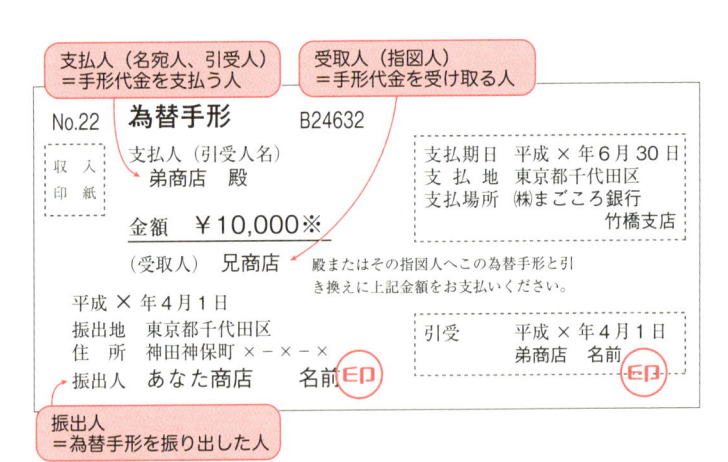

```
┌─────────────────────────────────────────────────────┐
│ No.22    為替手形       B24632                      │
│       支払人（引受人名）          支払期日 平成×年6月30日 │
│ 収入   弟商店　殿                 支 払 地 東京都千代田区  │
│ 印紙                              支払場所 ㈱まごころ銀行 │
│         金額　¥10,000※                    竹橋支店      │
│       （受取人）　兄商店    殿またはその指図人へこの為替手形と引│
│                             き換えに上記金額をお支払いください。│
│  平成×年4月1日                                      │
│  振出地　東京都千代田区           引受　平成×年4月1日 │
│  住　所　神田神保町 ×−×−×           弟商店　名前 印│
│  振出人　あなた商店　　名前 印                       │
└─────────────────────────────────────────────────────┘
```

- 支払人（名宛人、引受人）＝手形代金を支払う人
- 受取人（指図人）＝手形代金を受け取る人
- 振出人＝為替手形を振り出した人

為替手形の振出人の仕訳には、「支払手形」や「受取手形」は出てこない

それでは、具体的な為替手形の処理をみていきましょう。
最初は為替手形の**振出人の処理**です。

さきほどの例（兄弟間のお金の貸し借り）を
商店間の取引に代えて説明します。
まずは次の取引を読んでください。

> ①あなた商店は兄商店から商品 10,000 円を掛けで仕入れた。
> ②あなた商店は弟商店に商品 10,000 円を掛けで売り上げた。
> ③あなた商店は兄商店に対する買掛金 10,000 円を支払うため、弟商店を名宛人とする為替手形を振り出し、弟商店の引き受けを得て、兄商店に渡した。
> ④③の為替手形の支払期日が到来し、弟商店の当座預金口座から兄商店の当座預金口座に代金が支払われた。

この取引を順番に仕訳していきましょう。

①の取引はふつうの掛け仕入なので、なんてことありませんね。

借方科目	金　額	貸方科目	金　額
仕　　入	10,000	買　掛　金	10,000

❶商品を仕入れた
→仕入（費用）の発生

❷掛けで仕入れた
→買掛金（負債）の増加

4章 手形の取引

②の取引もふつうの掛け売上です。

借方科目	金　額	貸方科目	金　額
売　掛　金	10,000	売　　　上	10,000

② 掛けで売り上げた
→売掛金（資産）の増加

① 商品を売り上げた
→売上（収益）の発生

問題は③。**為替手形を振り出したときの処理**ですね。
…その前に、あなた商店の債権と債務（売掛金と買掛金）の関係を図に書いておきましょう。

③で、あなた商店は、
**兄商店に対する買掛金 10,000 円の
支払いのために為替手形を振り出しています。**

そして、弟商店に「代わりに兄商店に払っておいてよ」と
頼んだら、弟商店が「いいよ」と言ってくれたんです。
なお、弟商店が「いいよ」と言ってくれることを
「（あなた商店の支払義務を）**引き受ける**」といいます。

さて、弟商店が為替手形を引き受けてくれたことにより、
弟商店があなた商店の（兄商店に対する）買掛金を
支払ってくれることになりました。

だから、あなた商店では（兄商店に対する）
買掛金がなくなったものとして、
買掛金（負債）を減少させます。

借方科目	金　額	貸方科目	金　額
▶買　　掛　　金◀	10,000		

同時に、弟商店が為替手形を
引き受けたことにより、
もはや弟商店に対して
「売掛金 10,000 円を払ってよ」
ということができなくなります。
10,000 円を受け取る代わりに、
兄商店に対する買掛金 10,000 円を支払ってもらうのですから…。

そこで、弟商店に対する**売掛金（資産）も減少**させます。

借方科目	金　額	貸方科目	金　額
買　　掛　　金	10,000	▶売　　掛　　金◀	10,000

これが為替手形を振り出したときの、
振出人（あなた商店）の仕訳です。

10 為替手形

4章　手形の取引

最後に④の**為替手形が決済されたときの処理**ですが、
③で、あなた商店の債権と債務（売掛金や買掛金）は
すでになくなっています。
ですから、為替手形が決済されたときには
あなた商店（振出人）は**なんの仕訳もしません。**

以上が為替手形の振出人の処理ですが、
試験で出題される形で確認すると次のようになります。

> **例 4-3**
> 4月1日　あなた商店は仕入先兄商店に対する買掛金10,000円を支払うため、得意先弟商店を名宛人とする為替手形を振り出し、弟商店の引き受けを得て兄商店に渡した。
> 6月30日　4月1日に振り出した為替手形が決済された。

● 4月1日（振出時）の仕訳／あなた商店

借方科目	金額	貸方科目	金額
買　掛　金	10,000	売　掛　金	10,000

① 買掛金を支払うため…
→兄商店に対する買掛金（負債）の減少

② 得意先弟商店を名宛人とする為替手形を振り出した
→弟商店に対する売掛金（資産）の減少

● 6月30日（決済時）の仕訳／あなた商店

借方科目	金額	貸方科目	金額
仕　訳　な　し			

他人が振り出した手形を「受け取った」ら、「受取手形（資産）」で処理する

つづいて、為替手形の**受取人（指図人）の処理**です。
さきほどの取引を受取人（兄商店）の視点でみてみましょう。

> ①兄商店は、あなた商店に商品 10,000 円を掛けで売り上げた。
> ②（兄商店の取引はなし）
> ③兄商店は、あなた商店に対する売掛金 10,000 円の決済として、あなた商店振出し、弟商店引受済みの為替手形を受け取った。
> ④③の為替手形の支払期日が到来し、弟商店の当座預金口座から兄商店の当座預金口座に代金が支払われた。

では、順番に仕訳していきましょう。
①の取引はふつうの掛け売上ですね。

借方科目	金　　額	貸方科目	金　　額
売　掛　金	10,000	売　　上	10,000

❷ 掛けで売り上げた
→売掛金（資産）の増加

❶ 商品を売り上げた
→売上（収益）の発生

②は兄商店の取引はないので、
当然仕訳もありません。

ここまでの兄商店の債権と債務の関係を図に書くと
次のとおりです。

4章　手形の取引

そして③。**為替手形の受取時の処理**です。

③で兄商店はあなた商店に対する
売掛金 10,000 円の決済として
あなた商店が振り出した為替手形を
受け取っています。
したがって、あなた商店に対する
売掛金 10,000 円を減らします。

借方科目	金　　額	貸方科目	金　　額
		▶売　　掛　　金◀	10,000

また、為替手形を受け取ったことにより、
こんどは（支払義務を引き受けた）
弟商店に対して、「代金を支払え」
ということができます。
これは**手形による代金請求権が生じた**
ことになるので、
受取手形（資産）の増加で処理します。

借方科目	金　額	貸方科目	金　額
▶受　取　手　形◀	10,000	売　掛　金	10,000

約束手形のときも、
手形の受取人は「受取手形」で処理しましたよね。

ですから、
問題文に「○○手形を受け取った」とあったら、
受取手形（資産）で処理するということをおさえておきましょう。

> ただし、**自分が振り出した約束手形を受け取った場合は、**
> **支払手形の減少で処理**します。
> 振出時に支払手形（負債）で処理しているからですね。
> まあ…試験ではめったに出題されませんが…。

最後は④。**為替手形の決済時の処理**です。
為替手形が決済されることによって、
兄商店の**当座預金（資産）が増える**とともに、
受取手形（資産）が減ります。
したがって、仕訳は次のようになります。

借方科目	金　額	貸方科目	金　額
当　座　預　金	10,000	受　取　手　形	10,000

❶当座預金口座に入金された
→当座預金（資産）の増加

❷為替手形が決済された
→受取手形（資産）の減少

以上が為替手形の受取人の処理です。
これも試験で出題される形で確認しておきましょう。

10 為替手形

4章　手形の取引

> **例 4-4**
>
> 4月1日　兄商店はあなた商店に対する売掛金 10,000 円の決済として、あなた商店振出し、弟商店引受けの為替手形を受け取った。
>
> 6月30日　4月1日の為替手形が決済され、当座預金口座に入金された。

●4月1日（受取時）の仕訳／兄商店

借方科目	金　額	貸方科目	金　額
受 取 手 形	10,000	売 掛 金	10,000

❷為替手形を受け取った
→受取手形（資産）の増加

❶売掛金の決済として…
→売掛金（資産）の減少

●6月30日（決済時）の仕訳／兄商店

借方科目	金　額	貸方科目	金　額
当 座 預 金	10,000	受 取 手 形	10,000

❶当座預金口座に入金された
→当座預金（資産）の増加

❷為替手形が決済された
→受取手形（資産）の減少

為替手形を「引き受けた」とあったら、「支払手形（負債）」で処理する

最後は、為替手形の**支払人（名宛人）**の処理です。

さきほどの取引を支払人（弟商店）の視点でみてみましょう。

① (弟商店の取引はなし)
②弟商店は、あなた商店から商品 10,000 円を掛けで仕入れた。
③弟商店は、あなた商店が振り出した為替手形 10,000 円(兄商店が受取人)の引き受けを求められたので、これを引き受けた。
④③の為替手形の支払期日が到来し、弟商店の当座預金口座から兄商店の当座預金口座に代金が支払われた。

①は弟商店の取引はないので、②から仕訳をしていきましょう。
②の取引はふつうの掛け仕入です。

借方科目	金　額	貸方科目	金　額
仕　　　入	10,000	買　掛　金	10,000

❶ 商品を仕入れた
→仕入(費用)の発生

❷ 掛けで仕入れた
→買掛金(負債)の増加

ここまでの弟商店の債権と債務は次のとおりです。

そして③。**為替手形の引受時の処理**です。
③で弟商店は為替手形を引き受けました。

これは「為替手形を引き受ける代わりに
（あなた商店に対する）買掛金を減額
してもらう」ということなので、
あなた商店に対する**買掛金（負債）を減らし**ます。

借方科目	金　額	貸方科目	金　額
▶買　　掛　　金◀	10,000		

また、為替手形を引き受けたことにより、
為替手形の代金を支払う義務が生じます。
したがって、**支払手形（負債）の増加**
となります。

借方科目	金　額	貸方科目	金　額
買　　掛　　金	10,000	▶支　払　手　形◀	10,000

これが為替手形を引き受けたときの支払人（弟商店）の仕訳です。

**問題文に「為替手形を引き受けた」とあったら、
支払手形（負債）で処理する**
ということをおさえておきましょう。

最後は④。**為替手形の決済時の処理**です。
為替手形が決済されることによって、
弟商店の**当座預金（資産）が減る**とともに、
支払手形（負債）が減ります。

したがって、仕訳は次のようになります。

借方科目	金額	貸方科目	金額
支 払 手 形	10,000	当 座 預 金	10,000

② 為替手形が決済された
→支払手形（負債）の減少

① 当座預金口座から支払われた
→当座預金（資産）の減少

以上が為替手形の支払人の処理です。

試験で出題される形で確認しておきましょう。

例 4-5

4月1日　弟商店は仕入先あなた商店振出し、兄商店受取りの為替手形 10,000 円の引き受けを求められたので、これを引き受けた。

6月30日　4月1日の為替手形が決済され、当座預金口座から支払われた。

●4月1日（引受時）の仕訳／弟商店

借方科目	金額	貸方科目	金額
買　掛　金	10,000	支 払 手 形	10,000

② 仕入先が振り出した為替手形を引き受けた
→その仕入先に対する買掛金を免除してもらう代わりに支払義務を引き受ける
→買掛金（負債）の減少

① 為替手形を引き受けた
→支払手形（負債）の増加

●6月30日（決済時）の仕訳／弟商店

借方科目	金額	貸方科目	金額
支 払 手 形	10,000	当 座 預 金	10,000

② 為替手形が決済された
→支払手形（負債）の減少

① 当座預金口座から支払われた
→当座預金（資産）の減少

10 為替手形

4章　手形の取引

為替手形の処理は少し複雑なので、
苦手にしている受験生が多いのですが、
「振り出した」、「受け取った」、「引き受けた」といった
文末に注目すれば、簡単に問題を解くことができます。

> **為替手形の処理**
>
> ①為替手形を振り出した→通常、受取手形（資産）や支払手形（負債）は出てこない
> ②為替手形を受け取った→受取手形（資産）で処理
> ③為替手形を引き受けた→支払手形（負債）で処理

☆「手形の割引き」…その前に。

でも、こちらもそりゃ必死
コロ
コロ
コロン
サイフ
印かん
通帳
手形
いまあるのは…
コレと コレと コレ
う〜ん
そうですね
ん？
サイフ
印かん
通帳
手形
じゃん！
手形
あっ これをウチで
買い取ることできますけど
信用調査はするケドね
えっ 支払期日前
なのに？
手形
支払期日
3カ月後
うん 割引きって
いうんだけどね
じゃあ
ぜひ！
ぜひ！
ぜひ！
手形
わー
カオ近いッ
でもね〜
今日から支払期日までの
利息分が割引料として
かかるから
あー
びっくりした
手形
この金額より
減っちゃうけど
いい？
手形
¥8,000-
ぴらぴら
ナント…！

これはそんなに悩むことなのか…？

うーんうーん

3カ月待てば8,000円が入るけど

いまだと少し減る…か

ぷーん

背にハラはかえられん…

割り引いてください！

わかりました！

グッ

計算したところ割引料が500円なので7,500円お支払いします

コトッ

7,500円

とりあえず資金を得ることができました。

まごころ銀行

どーもー

まあ なんとかなるだろう

7,000円 500

それでは、手形の割引きみてみましょう

11 手形の割引き

> 持っている手形は銀行に買い取って
> もらえる！　割引料が取られるけどね

手形の特徴の1つに、
掛けに比べて決済期日が長いということがあります。

たとえば掛け代金の支払期日は通常、約1カ月後ですが、
約束手形の支払期日は3カ月後とか4カ月後とかに
設定することができます。
これは支払う側からみると、
代金の支払いを遅らせることができてよいのですが、
受け取る側からみると、
3カ月後、4カ月後にならないと代金が受け取れない、
ということになってしまいます。

でも、3カ月も4カ月も待ってられない、
ということもありますよね。
そんなときは、（手形の支払期日前に）手許にある手形を
銀行に持っていき、銀行にその手形を買い取ってもらう、
ということができます。

この「持っている手形を銀行に買い取ってもらう」ことを
手形の割引きといいます。

割引料は「手形売却損(費用)」で処理する

手形の割引きの処理をみていきましょう。

約束手形でも為替手形でも、**手形を受け取ったときは、
受取手形（資産）の増加で処理**することはすでに学習しました。
ですから、「手形を持っている」ということは、
「受取手形（資産）がある」ということになります。

一方、「手形を割り引く」というのは、
持っている手形を銀行に売ってしまう
ということです。
ですから、手形を割り引くことによって、
受取手形（資産）が減少します。

借方科目	金　額	貸方科目	金　額
		▶受　取　手　形◀	××

また、銀行から手形の売却代金を受け取るので、
現金などの資産が増えます。

借方科目	金　額	貸方科目	金　額
▶現　金　な　ど◀	××	受　取　手　形	××

4章　手形の取引

手形の割引きによって、
支払期日前に現金などが手に入るわけですが、
割引きのさいには、
割り引いた日から支払期日（＝満期日）までの
利息分が差し引かれます。
この利息分を**割引料**といい、
割引料は「**手形売却損」という費用の勘定科目で処理**します。

借方科目	金　額	貸方科目	金　額
現　金　な　ど	××	受　取　手　形	××
▶手 形 売 却 損◀ 費用	××		

> 費用の勘定科目なので、借方（左側）に記入

なお、仕訳の勘定科目の順序は決まっていないので、
「手形売却損」を上に書いてもかまいません。

借方科目	金　額	貸方科目	金　額
手 形 売 却 損	××	受　取　手　形	××
現　金　な　ど	××		

> どちらを上に書いてもかまいません

仕訳をするさいには、
わかっている勘定科目や金額から記入していくようにしましょう。

それでは、手形の割引きの処理を確認しましょう。

例 4-6 所有する約束手形 8,000 円を銀行で割り引き、割引料 500 円を差し引いた残額を当座預金とした。

●割引時の仕訳

割引料
② →手形売却損（費用）の発生

借方科目	金額	貸方科目	金額
手形売却損	500	受取手形	8,000
当座預金	7,500		

③ 残額（8,000円－500円）を当座預金とした
→当座預金（資産）の増加

① 所有する約束手形を割り引いた
→受取手形（資産）の減少

11 手形の割引き

4章 手形の取引

12 手形の裏書譲渡

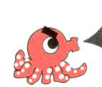

> 持っている手形はほかの人に
> 譲渡することもできる

持っている手形は、(手形の支払期日前に)銀行で割り引く以外にも、ほかの人に渡すこともできます。

たとえば、
いいだこ屋(仕入先)から商品を仕入れたときの支払代金として、
イタメシ屋(得意先)から受け取った約束手形を
いいだこ屋(仕入先)に渡すことができるのです。
このとき、手形の裏側に自分のサインを記入してから、
次の人(いいだこ屋)に渡すので、
これを**手形の裏書譲渡**といいます。

手形を裏書譲渡したら「受取手形（資産）の減少」で処理する

手形を裏書譲渡したときは、手許から手形自体がなくなるので、**受取手形（資産）の減少として処理**します。

具体例を使って、手形の裏書時の処理をみてみましょう。

> **例 4-7** ケンコー屋は、いいだこ屋から商品 8,000 円を仕入れ、その代金として所有する約束手形（イタメシ屋が振り出している）を裏書譲渡した。

●裏書時の仕訳／ケンコー屋

借方科目	金　額	貸方科目	金　額
仕　　入	8,000	受 取 手 形	8,000

❶ 商品を仕入れた
　→仕入（費用）の発生

❷ 約束手形を裏書譲渡した
　→受取手形（資産）の減少

裏書きされた手形を受け取ったら「受取手形（資産）の増加」で処理する

では、裏書きされた手形を受け取った人はどんな処理をすればいいと思いますか？

4章　手形の取引

12　手形の裏書譲渡

「手形を受け取るんだから…」

裏書きされた手形を受け取ったのだから、
受取手形（資産）の増加、ですね！

> **例 4-8** いいだこ屋は、ケンコー屋に商品 8,000 円を売り上げ、その代金としてケンコー屋が所有するイタメシ屋振出しの約束手形を裏書譲渡された。

●裏書きされた手形の受取時の仕訳／いいだこ屋

借方科目	金　額	貸方科目	金　額
受 取 手 形	8,000	売　　　上	8,000

❷約束手形を裏書譲渡された
→約束手形を受け取った
→受取手形（資産）の増加

❶商品を売り上げた
→売上（収益）の発生

手形の処理はここでおしまいです。
おつかれさまでした。

ここでサクトレ基本問題 14 ～ 18 を解きましょう！

5章

有価証券と固定資産の取引

〜商品売買と何が違うかな…?〜

こんなことを学習します

・株や国債を買ったときの処理＆
　売ったときの処理
・備品や建物を買ったときの処理＆
　売ったときの処理

13 有価証券

株式や国債、社債を「有価証券」という

5章では**有価証券**と**固定資産の処理**を学習します。
まずは有価証券から…

有価証券とは、「価値の有る証券」、
つまり、それ自体を転売し、現金にかえることができる証券
のことをいい、**株式**や**国債**、**社債**などがあります。
　　　　　　　　　　　　———— 一般に「株」といわれているものですね。

株式が一番イメージしやすいと思うので、
まずは株式の処理をみてみましょう。

株式を買ったときは、「売買目的有価証券（資産）」で処理する

株式を安いときに買って、高いときに売れば、
儲けを得ることができます。

この「売買して儲けを得る」ために
保有する株式を売買目的有価証券
といいます。

→ ほかの目的で株式を持つこともありますが、3級で学習するのは売買目的有価証券のみなので、このテキストでは売買目的有価証券について説明します。

「売買目的有価証券」は資産の勘定科目なので、
株式を購入したときは、仕訳の借方（**借**）に記入します。

借方科目	金　　額	貸方科目	金　　額
▶売買目的有価証券◀ 資産	××		

また、株式を買うときは証券会社に手数料を支払いますが、
この手数料は売買目的有価証券の金額に含めます。

したがって、50,000円の株式を買うときに、
証券会社に支払う手数料が500円かかったという場合には、
売買目的有価証券は50,500円で処理するということになります。

なお、株式の価格（50,000円）を**購入代価**、
手数料（500円）など株式を買うためにかかった費用を**付随費用**
といい、購入代価と付随費用を合計した金額（50,500円）を
取得原価といいます。

→「取得原価」ということばは重要なので覚えてください。

> **取得原価**
>
> 取得原価＝購入代価＋付随費用

5章　有価証券と固定資産の取引

13 有価証券

なお試験では、
「1株10,000円の株式を5株購入し、
手数料500円とともに現金で支払った」
という出題のされ方をします。

この場合の取得原価は
　@10,000円×5株＋500円＝50,500円
で計算します。大丈夫ですよね？

では、株式の購入時の仕訳をしてみましょう。

> **例 5-1** 1株10,000円の甲社株式（売買目的で所有）を5株購入し、手数料500円とともに現金で支払った。

●株式の購入時の仕訳

借方科目	金　額	貸方科目	金　額
売買目的有価証券	50,500	現　　　金	50,500

② 株式を購入した
→売買目的有価証券（資産）の増加

① 現金で支払った
→現金（資産）の減少

取得原価
@10,000円×5株＋500円

株式を売却したときの売却損益は「有価証券売却損（益）」で処理する

つづいて、持っている株式を売ったときの処理です。

株式の価格は常に変動しているので、
買ったときの価格（取得原価）と
売ったときの価格（売却価額）に差が生じます。

ですから、安く買って高く売れば儲けが出ますが、
高く買って安く売ってしまったら損失となります。

たとえば、50,500円で買った株式を
51,000円で売ったら、儲けは500円となります。
この場合の儲け（500円）は、
「有価証券売却益」という収益の勘定科目で処理します。

一方、50,500円で買った株式を49,500円で売ったら、
1,000円の損失となります。
この場合の損失（1,000円）は、
「有価証券売却損」という費用の勘定科目で処理します。

上記のように
得したら有価証券売却益（収益）、
損したら有価証券売却損（費用）
となりますが、仕訳をするときには、
わかっている金額からうめていき、
最後に借方（か）と貸方（し）のどちらが空いているか
によって勘定科目を決定します。

…ちょっとやってみましょうか。

例 5-2 所有する甲社株式（売買目的、取得原価 50,500 円）を 51,000 円で売却し、代金は現金で受け取った。

Ⅰ

借方科目	金　額	貸方科目	金　額
現　　　金	51,000	売買目的有価証券	50,500

① 代金は現金で受け取った
→現金（資産）の増加

② 所有する株式を売却した
→売買目的有価証券（資産）の減少

Ⅱ

借方科目	金　額	貸方科目	金　額
現　　　金	51,000	売買目的有価証券	50,500
			▶500◀

仕訳の借方合計と貸方合計は一致しなければならない
↓
貸方にあと 500 円（51,000 円 − 50,500 円）を計上する
↓
では、貸方科目は？

● 株式の売却時の仕訳

Ⅲ

借方科目	金　額	貸方科目	金　額
現　　　金	51,000	売買目的有価証券	50,500
		▶有価証券売却益◀ 収益	500

③ 貸方に記入するのは、収益の勘定科目
↓
だから「有価証券売却益」

例 5-3
所有する甲社株式（売買目的、取得原価 50,500 円）を 49,500 円で売却し、代金は現金で受け取った。

Ⅰ

借方科目	金　額	貸方科目	金　額
現　　　金	49,500	売買目的有価証券	50,500

❶ 代金は現金で受け取った
　→現金（資産）の増加

❷ 所有する株式を売却した
　→売買目的有価証券（資産）の減少

Ⅱ

借方科目	金　額	貸方科目	金　額
現　　　金	49,500	売買目的有価証券	50,500
	▶1,000◀		

仕訳の借方合計と貸方合計は一致しなければならない
↓
借方にあと 1,000 円を計上する
↓
では、借方科目は？

● 株式の売却時の仕訳

Ⅲ

借方科目	金　額	貸方科目	金　額
現　　　金	49,500	売買目的有価証券	50,500
▶有価証券売却損	費用 1,000		

❸ 借方に記入するのは、費用の勘定科目
↓
だから「有価証券売却損」

こんな感じで考えてみてくださいね。

国債や社債を買ったときも、「売買目的有価証券(資産)」で処理する

次に国債や社債の処理についてみていきましょう。

国債は国が発行する有価証券で、
社債は会社が発行する有価証券です。

地方公共団体が発行する地方債も有価証券です。

国債も社債も、国や会社が資金を集めるために発行するものです。

売買目的で国債や社債を買ったときは、株式の場合と同様、
売買目的有価証券(資産)の増加として処理します。

なお、株式の場合は1株、2株と数えますが、
国債や社債は1口、2口と数えます。
また、株式の場合は「1株あたりいくらで買った」といいますが、
国債や社債の場合は「**額面100円あたり○円で買った**」
といいます。

額面とは、国債や社債の証券に書かれている金額
のことをいいます。ですから、
額面10,000円の社債を額面100円あたり95円で買った
という場合の取得原価は、

　　10,000円 ÷ 100円 = 100口 ←購入口数
　　100口 × 95円 = 9,500円 ←取得原価

と計算します。

問題集の解説などでは、計算をまとめて行い、

$$10,000 円 \times \frac{95 円}{100 円} = 9,500 円$$

と書かれていることもあります。

なお、購入手数料などの**付随費用**がかかったときは、
付随費用を取得原価に含めます。株式の場合と同じですね。

では、次の具体例の仕訳をしてみましょう。

> **例 5-4** 乙社社債（額面金額 10,000 円、売買目的で所有）を額面100 円につき 95 円で購入し、代金は手数料 200 円とともに現金で支払った。

●社債の購入時の仕訳

借方科目	金額	貸方科目	金額
売買目的有価証券	9,700	現　　金	9,700

$$10,000 円 \times \frac{95 円}{100 円} + 200 円$$

国債や社債を売ったときの処理は、株式の場合と同じ！

持っている国債や社債を売ったときの処理は、
株式を売ったときと同様なので、説明を省略します。

5章 有価証券と固定資産の取引

13 有価証券

☆「固定資産」…その前に。

突然ですが 問題です

A 商品を買って代金は後払いとした。

と

B 冷蔵庫（備品）を買って代金は後払いとした。

は、何が違うでしょう？

答 買ったものが、商品か備品かの違いだけですよね。

「笑っちゃうくらいカンタンですね」
わはは ほほほ

でも この違いが
"後払いとした"の勘定科目にも
影響を及ぼすのです。

「え?!」　「そうなの？」

商品代金の未払いは	冷蔵庫（備品）の代金の未払いは
ほっほっ 商品	
買掛金	**未払金**

ですが

で処理するんですね

つづけざまに問題です

本体価格20万円の冷蔵庫を買いました。

あれください！ 大容量！ 20万円

配送料1,000円がかかりました。

ごうぃーんでーす

この場合、冷蔵庫（備品）の金額はいくらで計上すると思いますか？

さぁ　どっち？

A 20万円

B 20万1千円

答えは本文で！

14 固定資産

> 建物、車、備品など長く使うモノを「固定資産」という

お店でも会社でも、事業を行うにあたって、
机やイス、パソコンなどが必要です。
また、営業用の車や配送用のトラックなどが
必要になることもあります。
これらの机、イス、車など、
お店や会社で事業を行うために、
長期にわたって使用する資産を
固定資産といいます。
固定資産には上記以外にも、
土地やビル、商品陳列棚などがありますが、仕訳をするときには、
土地、建物、備品、車両などの勘定科目を用います。

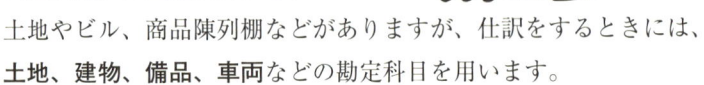

固定資産

勘定科目	内　容
土　地	土地
建　物	店舗、ビルなど
備　品	机、イス、パソコン、商品陳列棚など
車　両	営業用の自動車、トラックなど

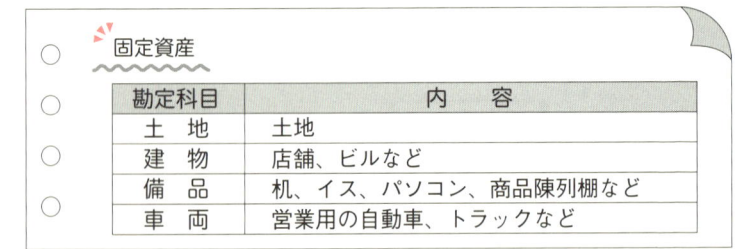

> 固定資産の購入時にかかった費用は
> 固定資産の価額に含めて処理する

固定資産を買ったら**資産が増加する**ので、仕訳の借方（**か**）に
土地、建物、備品、車両などの勘定科目で記入しますが、
このときの金額について考えてみましょう。

たとえば、**業務用の冷蔵庫を 200,000 円で購入**したとしましょう。
そして、**配送料が 1,000 円**かかったとします。
この場合の備品の金額はいくらになると思いますか？

→業務用の冷蔵庫は「備品」で処理します。
実務上、10万円未満の備品は「消耗品費」で処理しますが、
簿記の問題を解くさいには金額は気にしないでください。

本体価格の 200,000 円
…ではないんですね。

さきほどの有価証券の取得原価と同様、
固定資産の本体価格（購入代価）に、
その固定資産の購入にかかった**金額（付随費用）**を加算した金額
を取得原価として計上します。

したがって、上記の例では、
配送料 1,000 円も含めた 201,000 円が備品の金額となります。

固定資産の取得原価

取得原価＝購入代価＋付随費用

> 固定資産を購入したときの代金未払額は
> 「未払金(負債)」で処理する

3章で学習したように、
商品8,000円を仕入れて、代金はあとで支払うこととした
という場合の貸方科目は**買掛金(負債)**となります。

借方科目	金　額	貸方科目	金　額
仕　　　　入	8,000	▶買　　掛　　金◀	8,000

この「買掛金」という勘定科目は、
商品の仕入代金が未払いであることをあらわす勘定科目です。
ですから、商品以外のモノ、
たとえば業務用の冷蔵庫や有価証券を買ったときの未払額
については、「買掛金」では処理できないんですね。

「じゃあ、どんな勘定科目で処理するの？」

商品以外のモノを買ったときの未払額は
「**未払金**」という負債の勘定科目で処理します。

買掛金と未払金

- 買掛金…商品を仕入れ、代金は後払いとしたときに用いる負債の勘定科目
- 未払金…商品以外のモノ(備品、有価証券など)を購入し、代金は後払いとしたときに用いる負債の勘定科目

以上のことをふまえて、
固定資産を購入したときの仕訳をしてみましょう。

> **例 5-5** 備品 200,000 円を購入し、代金は月末払いとした。なお、配送料 1,000 円は現金で支払った。

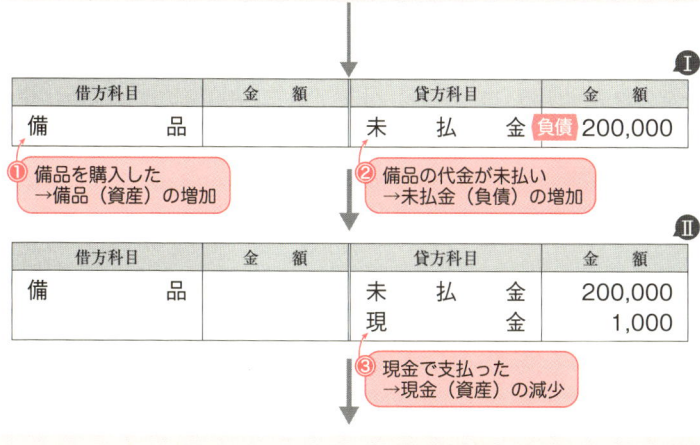

Ⅰ

借方科目	金　額	貸方科目	金　額
備　　品		未　払　金 負債	200,000

❶ 備品を購入した
→備品（資産）の増加

❷ 備品の代金が未払い
→未払金（負債）の増加

Ⅱ

借方科目	金　額	貸方科目	金　額
備　　品		未　払　金	200,000
		現　　　金	1,000

❸ 現金で支払った
→現金（資産）の減少

●固定資産の購入時の仕訳

Ⅲ

借方科目	金　額	貸方科目	金　額
備　　品	201,000	未　払　金	200,000
		現　　　金	1,000

取得原価
200,000 円＋1,000 円

売却したときに生じる売却差額は「固定資産売却損（益）」で処理する！

こんどは**固定資産を売却したときの処理**
についてみてみましょう。

14 固定資産

5章　有価証券と固定資産の取引

通常、購入した固定資産を何年か使ってから売却するのですが、
ここでは固定資産を購入したあと、
すぐに売却したときの処理についてみていきます。

この場合の処理は9章で説明します。

固定資産を売却したときは、
手許にあった資産がなくなるので、
仕訳の貸方（し）に
備品等の勘定科目を記入します。

借方科目	金　額	貸方科目	金　額
		▶備　品　な　ど◀	××

このときの金額は**帳簿価額**です。
帳簿価額とは、帳簿に計上されている金額
のことをいいます。
買ったばかりなら、取得原価が帳簿価額ですね。

固定資産を売却するとき、
必ずしも帳簿価額で売却するわけではありません。

たとえば、さきほどの業務用の冷蔵庫（帳簿価額201,000円）を
205,000円で売却したとしましょう。
このとき、帳簿価額と売却価額とに差額が生じていますね。

この差額は、「**固定資産売却益**」という収益の勘定科目
または「**固定資産売却損**」という費用の勘定科目で処理します。

売却価額が帳簿価額よりも高かったときは、
得したことになるので固定資産売却益（収益）、
反対に売却価額が帳簿価額よりも低かったときは、
損したことになるので固定資産売却損（費用）となります。

なお、実際に仕訳をするときは、
有価証券の売却の処理と同様に仕訳をうめていって、
最後に借方（り）に差額が生じるか、
貸方（し）に差額が生じるかによって判断しましょう。

借方科目	金　額	貸方科目	金　額
現　金　な　ど	××	備　品　な　ど	××
▶固定資産売却損 費用	××	固定資産売却益 ◀収益	××

どちらかを記入

固定資産を売却したときの代金未収額は「未収金（資産）」で処理する

固定資産を売却して、
代金はあとで受け取ることとした場合の未収額は
「未収金」という資産の勘定科目で処理します。

売掛金と未収金

・売掛金…商品を売り上げ、代金はあとで受け取るとした場合に用いる資産の勘定科目
・未収金…商品以外のモノ（備品、有価証券など）を売却し、代金はあとで受け取るとした場合に用いる資産の勘定科目

では、**固定資産を売却したときの仕訳**をしてみましょう。

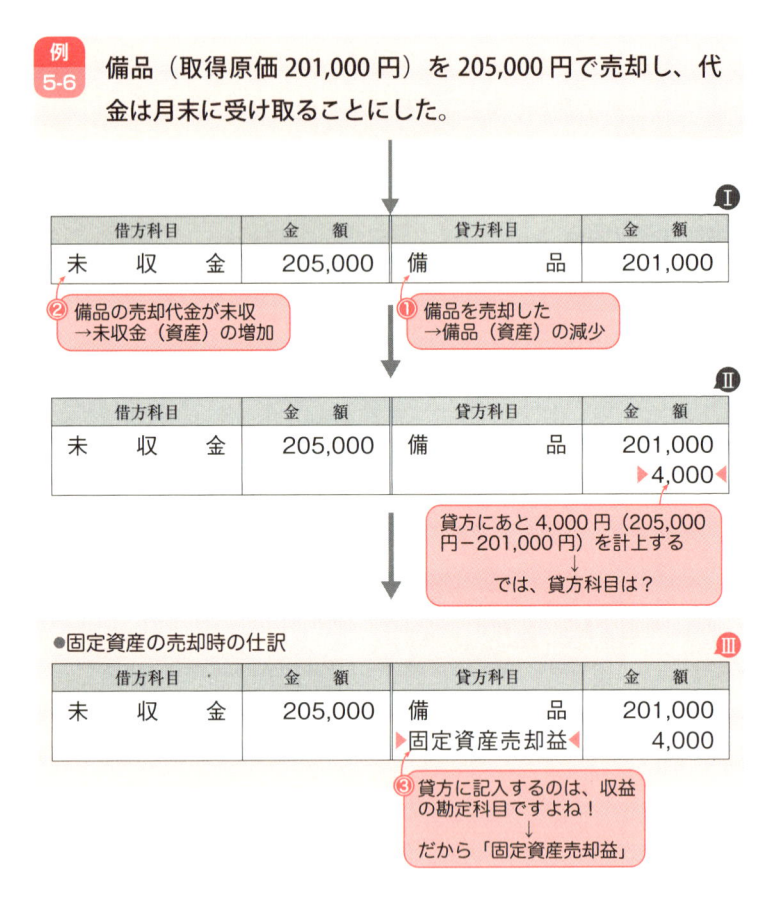

例 5-6 備品（取得原価 201,000 円）を 205,000 円で売却し、代金は月末に受け取ることにした。

↓

Ⅰ

借方科目	金　額	貸方科目	金　額
未　収　金	205,000	備　　　品	201,000

② 備品の売却代金が未収
→未収金（資産）の増加

① 備品を売却した
→備品（資産）の減少

↓

Ⅱ

借方科目	金　額	貸方科目	金　額
未　収　金	205,000	備　　　品	201,000
			▶4,000◀

貸方にあと 4,000 円（205,000 円－201,000 円）を計上する
↓
では、貸方科目は？

↓

● 固定資産の売却時の仕訳

Ⅲ

借方科目	金　額	貸方科目	金　額
未　収　金	205,000	備　　　品	201,000
		▶固定資産売却益◀	4,000

③ 貸方に記入するのは、収益の勘定科目ですよね！
↓
だから「固定資産売却益」

以上で有価証券と固定資産はおしまいです。
おつかれさまでした。

ここでサクトレ 基本問題 19 〜 21、23 を解きましょう！

6章

その他の取引
〜いろいろな資産、負債の処理です〜

こんなことを学習します

・仮払金と仮受金の処理
・立替金と預り金の処理
・商品券と他店商品券の処理
・貸付金と借入金の処理
・資本金と引出金の処理
・税金の処理

15 仮払金と仮受金

> 「旅費の概算額を渡した」というときは
> 「仮払金（資産）」で処理する

それでは、その他の取引についてみていきましょう。
まずは、**仮払金と仮受金の処理**から…。

来週、出張に行く従業員に**旅費の概算額**（大体の金額）として
20,000円を現金で渡したとしましょう。
現金を渡しているので、仕訳の貸方（し）は
「現金 20,000」ですよね？

借方科目	金　額	貸方科目	金　額
		現　　　金	20,000

この 20,000 円は旅費のために使われますが、
従業員が出張から帰ってきて、「いくら使いました」
と報告があるまで、金額が確定しません。

このように使い途（旅費交通費）がわかっていても、
正確にいくらかかるかがわからないため、
とりあえずお金を渡しておくことを仮払いといいます。

仮払いしたときは、「**仮払金**」という資産の勘定科目で**処理**します。

借方科目	金　　額	貸方科目	金　　額
▶仮　　払　　金◀	資産 20,000	現　　　　金	20,000

その後、従業員が出張から戻り、旅費の金額が確定したら、「仮払金」を「旅費交通費」などの勘定科目に変更します。

以上をふまえて、仮払金の仕訳をしてみましょう。

> **例 6-1**
> ①従業員の出張にあたって、旅費の概算額として 20,000 円を現金で渡した。
> ②出張より従業員が戻り、旅費として 18,000 円を使ったと報告を受けた。なお、残額（2,000 円）は現金で受け取った。

①仮払時の仕訳

借方科目	金　　額	貸方科目	金　　額
仮　　払　　金	20,000	現　　　　金	20,000

❷ 概算額を渡している
→仮払金（資産）の増加

❶ 現金で渡した
→現金（資産）の減少

②金額確定時の仕訳

❶ 旅費の金額が確定した
→旅費交通費（費用）の計上

借方科目	金　　額	貸方科目	金　　額
旅 費 交 通 費	18,000	仮　　払　　金	20,000
現　　　　金	2,000		

❷ 金額が確定した
→仮払金（資産）の減少

❸ 残額は現金で受け取った
→現金（資産）の増加

15 仮払金と仮受金

6章　その他の取引

「内容不明の入金があった」というときは「仮受金(負債)」で処理する

つづいて仮受金の処理です。

当座預金口座に入金があったものの、
入金の内容が不明という場合、
とりあえずお金を受け取ったとして、
入金の処理をします。

借方科目	金　額	貸方科目	金　額
▶当　座　預　金◀	××		

この「とりあえずお金を受け取る」ことを仮受けといい、
仮受けしたときは、
「仮受金」という負債の勘定科目で処理
します。

借方科目	金　額	貸方科目	金　額
当　座　預　金	××	▶仮　　受　　金◀ 負債	××

そして、仮受金の内容が判明したら、
「仮受金」を適切な勘定科目に変更します。

では、仮受金の処理をまとめてみてみましょう。

例 6-2
① 当座預金口座に 30,000 円の入金があったが、その内容は不明である。
② ①の当座振込みは売掛金の回収額であることが判明した。

①仮受時の仕訳

借方科目	金額	貸方科目	金額
当 座 預 金	30,000	仮 受 金	30,000

❶ 当座預金口座に入金
→当座預金（資産）の増加

❷ 内容不明の入金
→仮受金（負債）の増加

②内容判明時の仕訳

借方科目	金額	貸方科目	金額
仮 受 金	30,000	売 掛 金	30,000

❷ 内容が判明した
→仮受金（負債）の減少

❶ 売掛金の回収額
→売掛金（資産）の減少

☆「立替金と預り金」…その前に。

会社（お店）で雇用されると
お給料が支払われます。

おつかれさま
25日 給料日

このお給料、
従業員からみると
「もらうもの」ですが、

わーい 飲みにいこう！
給料

会社（お店）からみると
「支払うもの」ですね。

○×会社
給料

"何に対する支払い"
なのかというと

従業員の **労働力!!**

営業 総務 事務

従業員が働いた結果、
売上（収益）があがるので

○×会社
ありがたや ありがたや
△月期 売上グラフ
営業！ 広報！ 仕入！ 企画！ 事務！

給料は
収益をあげるのに
必要な支払い
＝
費用

です。

ところで給与明細をみてみると

「給与明細、あんまりみな〜い」
え〜♡
↑ちゃんとみましょう

通常、給料総額から所得税や社会保険料が差し引かれています。

まあこんなに引かれてるのね…

給与明細
給料 300,000円
所得税・社会保険料 △50,000円
差引支払額 250,000円

この差し引かれた所得税等は

給与明細
給料 300,000円
所得税・社会保険料 △50,000円
差引支払額 250,000円

会社(お店)が着服しているわけではなく…

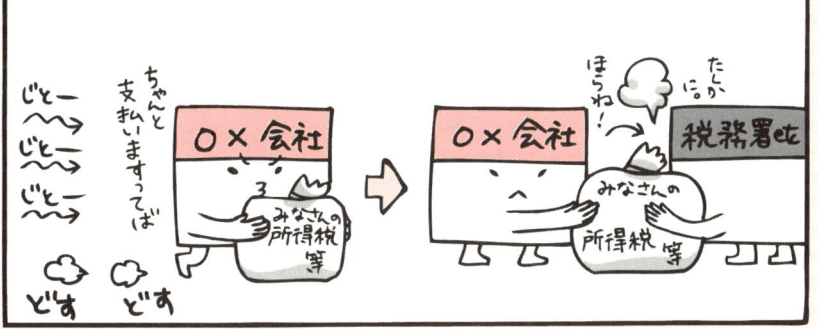

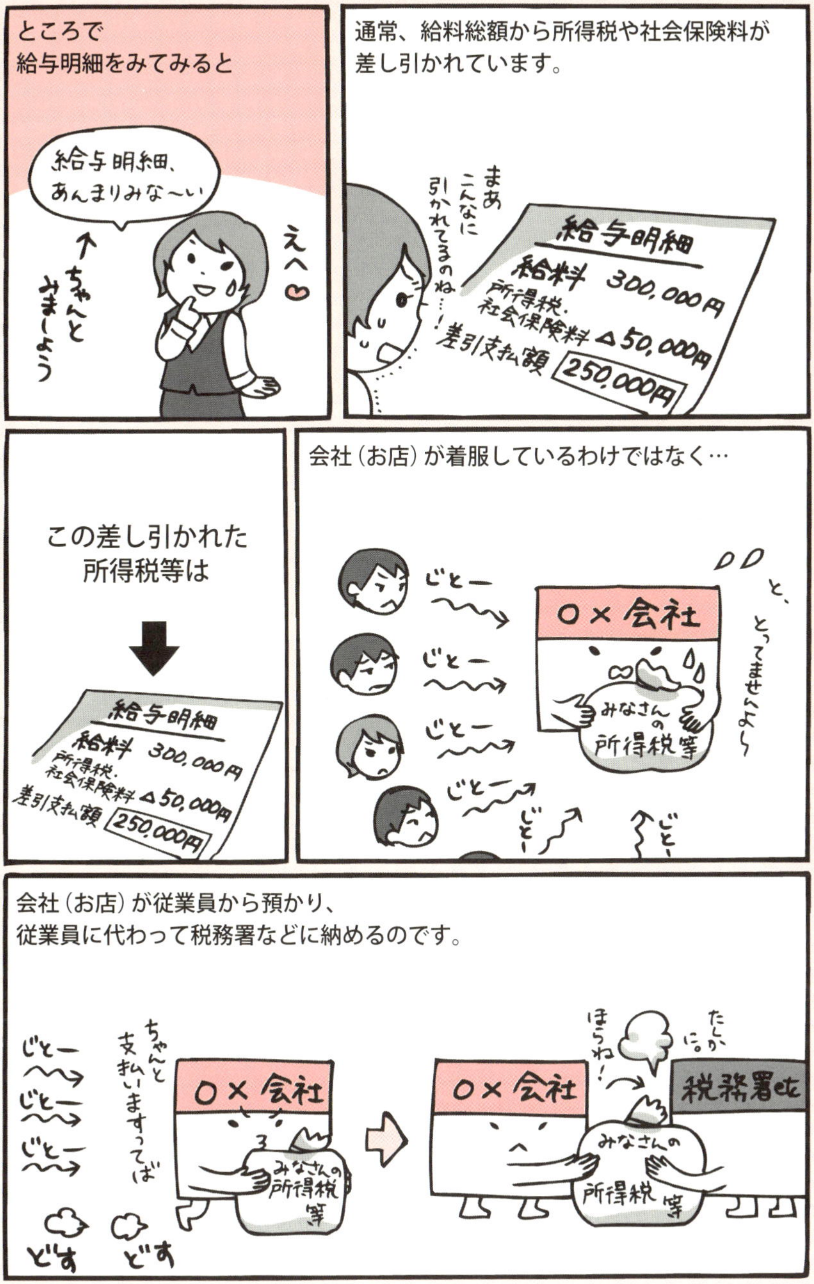

じとー
○×会社
みなさんの所得税等
と、とってませんよ〜

会社(お店)が従業員から預かり、従業員に代わって税務署などに納めるのです。

ちゃんと支払いますってば
どすどす
○×会社
みなさんの所得税等

→

たしかに
ほらね！
○×会社 → 税務署
みなさんの所得税等

つまり、給料から差し引いた金額は
会社（お店）が従業員から一時的に預かっているだけ。

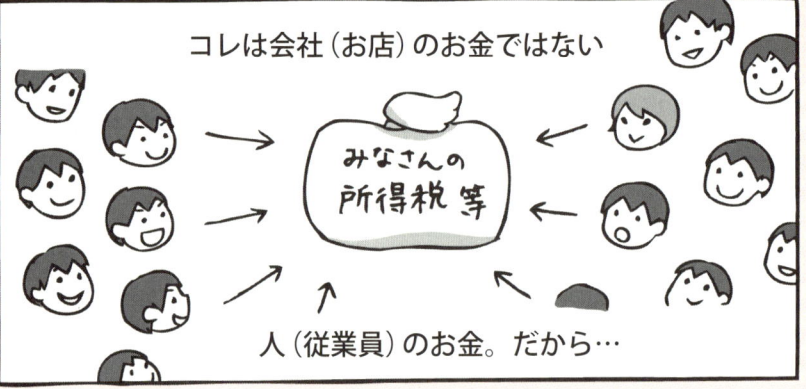

「責任を持って預かります！」

○×会社
みなさんの所得税等

コレは会社（お店）のお金ではない

みなさんの所得税等

人（従業員）のお金。だから…

会社（お店）が給料から差し引いた
従業員の所得税等は、

人のお金だと
思うと、気が重いよ

○×会社
みなさんの所得税等

ずしっ

"預り金"

という負債の勘定科目で処理します。

これは"預り金"のイメージですが、本文はその前に"立替金"というものを学習します

16 立替金と預り金

> 自分が負担すべきではない金額を立て替えたときは「立替金（資産）」で処理する

相手先が負担すべき費用を当店が立て替えた場合など、
立替払いをしたときは、相手先からお金を返してもらう権利
が発生します。
したがって、**立替金（資産）で処理。**
…立替金は3章でも出てきましたね。

また、従業員個人が負担すべき生命保険料を
お店や会社が一時的に立て替えた場合も
立替金（資産）で処理します。

たとえば、
**従業員が負担すべき生命保険料5,000円を
お店の現金で支払ったという場合には、**

借方科目	金　額	貸方科目	金　額
立　替　金 　資産	5,000	現　　　　金	5,000

という仕訳をします。

6章　その他の取引

なお、立替金を返してもらったときは、
立替金（資産）を減少させます。

借方科目	金　額	貸方科目	金　額
現　金　な　ど	5,000	▶立　替　金◀ 資産	5,000

では、立替金の仕訳をしてみましょう。

例 6-3
①従業員の生命保険料 5,000 円を現金で支払った。なお、この生命保険料は従業員個人が負担すべきものである。
②①の立替金を現金で回収した。

①立替時の仕訳

借方科目	金　額	貸方科目	金　額
立　替　金	5,000	現　　　金	5,000

❷従業員個人が負担すべき生命保険料を支払ってあげた
→立替金（資産）の増加

❶現金で支払った
→現金（資産）の減少

②回収時の仕訳

借方科目	金　額	貸方科目	金　額
現　　　金	5,000	立　替　金	5,000

❶現金で回収した
→現金（資産）の増加

❷立替金を回収した
→立替金（資産）の減少

そんなに難しいことはないですね。
次にいきましょう。

一時的に預かっているお金は「預り金（負債）」で処理する

お店や会社が従業員に給料を支払ったときは、
「**給料**」という**費用の勘定科目で処理**します。

借方科目	金　　額	貸方科目	金　　額
給　　　料 費用	××		

給料というと、もらうもののような気がしますが、
それは従業員の立場からみた場合です。
お店や会社の立場からみると、
給料は支払うものですね。

従業員が働いた結果、
売上（収益）を得ることができるので、
従業員の労働の対価として支払う給料は、
売上（収益）を獲得するために必要なものです。

だから**給料は費用**。
…よろしいでしょうか？

また、従業員に支払う給料には所得税がかかります。
本来、所得税は従業員が確定申告をして、
納付するものですが、
お店や会社が従業員に給料を支払うときは、
給料の額から所得税分を差し引いた残額が

16 立替金と預り金

6章　その他の取引

従業員に支払われます。

要するに所得税分が
給料から天引きされているわけです。
このときの天引きした所得税を**源泉所得税**といいます。

この源泉所得税は、従業員に代わって
お店や会社が税務署に納付します。

つまり、**お店や会社は従業員が支払うべき所得税を
従業員から一時的に預かっている**、
ということになります。
このように一時的に預かっている金額は、
「預り金」という負債の勘定科目で処理します。

→「所得税預り金」で処理することもあります。

借方科目	金　額	貸方科目	金　額
給　　料	××	預　り　金 負債 現　金　な　ど	×× ××

所得税を差し引いた残額を
現金などで支払います

なお、後日、
お店や会社が源泉所得税を税務署に支払ったときは、
預り金（負債）の減少として処理します。

借方科目	金　額	貸方科目	金　額
預　り　金 負債	××	現　金　な　ど	××

以上、お店や会社が
給料から所得税を天引きした場合の処理
についてみてきましたが、
お店や会社が
給料から社会保険料を天引きした場合も
同じように処理します。

それでは、預り金の仕訳をみてみましょう。

> **例 6-4**
> ①従業員に支払うべき給料 200,000 円のうち、源泉所得税 20,000 円を差し引いた 180,000 円を現金で支給した。
> ②①の源泉所得税 20,000 円を税務署に現金で納付した。

①預り時の仕訳

借方科目	金　額	貸方科目	金　額
給　　　料	200,000	預　り　金	20,000
		現　　　金	180,000

❶ 給料の支払い
→給料（費用）の発生

❷ 差し引いた源泉所得税
→従業員の所得税を預かっている
→預り金（負債）の増加

❸ 現金で支給した
→現金（資産）の減少

②納付時の仕訳

借方科目	金　額	貸方科目	金　額
預　り　金	20,000	現　　　金	20,000

❷ 源泉所得税を納付した
→預り金（負債）の減少

❶ 現金で納付した
→現金（資産）の減少

16 立替金と預り金

6章　その他の取引

☆「商品券と他店商品券」…その前に。

南北デパート商品券担当の赤沢です。

いらっしゃいませー

ギフトに商品券はいかがですか？

春は、入学・卒業シーズン。
商品券をお求めになる方が増えます。

3万円分ください
3万円
1万円

姪の入学祝いに商品券を…

商品券を販売したとき、
お客さまからお金をいただき
商品券をお渡ししているので…

赤沢　　　　　　　　お客
商品券 →
← 1万円

あの…商品券…
売上げ？

このとき
「売上処理」するのかと思いきや…

（南北デパート）
おじさんから商品券もらっちゃったー♪
商品券

うふん
このスカート、かわいい！

「売上」は実際の商品（服とかくつとか）が売れたときに計上するそうです。

ありがとうございます

SHOP208

くださいな♥

商品券

もしもし？あの…

商品券

じゃあ、これってどういう扱いになるの〜？

南北デパート『SHOP208』の店員青田です

いろんなお客様にお越しいただいてます！

5千円

商品を現金でお求めになる方もいれば

クレジットカードをご利用になる方もいますし

彼女へのプレゼント
1回で
クレジットカード

くださいな♥
商品券

商品券の方もいます

しかし、この商品券…

商品券

これって何か処理が違うんでしょうか？

ウチ（南北デパート）が発行したものと、他のデパートが発行したものの2種類あるんですよね〜

再び赤沢です

南北デパート商品券担当です

商品を売り上げたさいに受け取った商品券には…

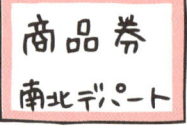

ウチ（南北デパート）が発行したものと、他のデパートが発行したものがあります。

こちらの場合

ウチのデパートが発行したもの

さきにお金をいただいているのでいいのですが…

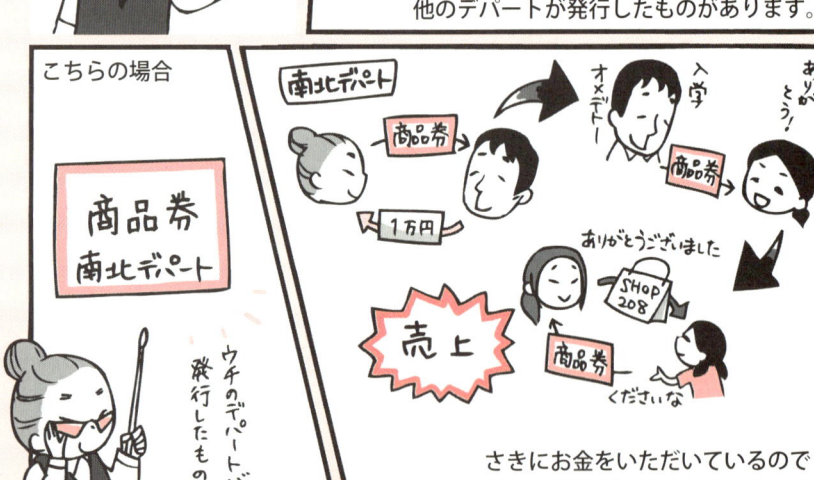

こちらの場合は

共通商品券 東西デパート

他のデパートが発行したもの

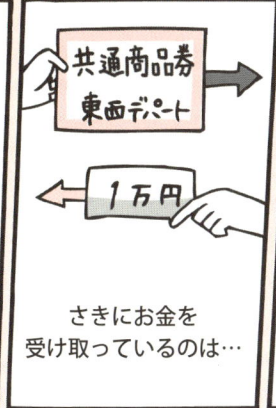

さきにお金を受け取っているのは…

なはは〜

ウチじゃないのよね…

他のデパートです！

これください

いらっしゃいませ

南北デパート SHOP208

売上

にもかかわらず、その商品券と交換でお客さまにウチの商品を渡しているのですから…

その分の金額を発行デパートに請求することってできますよね？

払ってちょーだい！

共通商品券 東西デパート

東西デパート

と思っていたら…
東西デパート
フェア開催中
入学祝
実はウチもアナタのとこが発行したのがあるんですよね
共通商品券
南北デパート
払ってください
あら！
共通商品券
東西デパート
南
そこで
どーします？
そーねー
東西デ
お互いが持っている相手の商品券を交換し…
東西デパート
入学祝
フェア開催中
共通商品券
南北デパート
共通商品券
東西デパート
南北デパート
商品券の交換会
おや？
共通商品券
¥8,000-
南北デパート
2000円
共通商品券
¥10,000-
東西デパート
東西デパート
入学祝
フェア開催中
あと、コレね。
2,000円
ハーイ
南北デパート
差額は現金で精算しました。
このような商品券の処理についてみてみましょう

17 商品券と他店商品券

> 当店発行の商品券は
> 「商品券(負債)」で処理する

こんどは商品券の処理について、みてみましょう。

姪の高校入学祝いに何かプレゼントをあげたいけど、
最近の女の子のほしいものがよくわからない…
こんなとき、商品券が役に立ちますよね。

さっそく、あなたは南北デパートに行き、
南北デパートの商品券10,000円を購入し、
姪にプレゼントしました。

数日後、姪がその商品券を使って
南北デパートで買い物をしました。

こんな場合の南北デパートの処理を
みてみましょう。

上記のやりとりを南北デパートの立場からみると、

6章 その他の取引

あなたに**商品券 10,000 円を販売した**という取引と、
姪に商品を販売し、代金として商品券を受け取った
という取引を行ったことになります。

まずは、**あなたに商品券 10,000 円を販売したときの処理**から
みてみましょう。

商品券を持っていると、
商品券と引き換えに商品を買うことができますよね。

これをお店（南北デパート）の立場からみると、
商品券と引き換えに
商品を渡さなければならない義務
があることになります。
この商品の引渡義務は、
「商品券」という負債の勘定科目で処理します。
したがって、お店（南北デパート）が商品券を販売したときは、
商品券（負債）の増加として処理します。

借方科目	金　額	貸方科目	金　額
		▶商　品　券 ◀負債	××

そしてお客さん（姪）に商品を販売し、
商品券を受け取ったときは、
商品の引渡義務がなくなるので、
商品券（負債）の減少として処理します。

借方科目	金　額	貸方科目	金　額
▶商　品　券◀ 負債	××		

ここまでの仕訳を具体例を使ってみてみましょう。

> **例 6-5**
> ①商品券 10,000 円を販売し、現金を受け取った。
> ②商品 10,000 円を売り上げ、代金は当店発行の商品券で受け取った。

①商品券の販売時（発行時）の仕訳

借方科目	金　額	貸方科目	金　額
現　　　金	10,000	商　品　券	10,000

❶ 現金を受け取った
　→現金（資産）の増加

❷ 商品券を販売した
　→商品券と交換で商品を渡さなければならない義務が発生
　→商品券（負債）の増加

②商品の販売時の仕訳

借方科目	金　額	貸方科目	金　額
商　品　券	10,000	売　　　上	10,000

❷ 商品を引き渡す義務がなくなる
　→商品券（負債）の減少

❶ 商品を売り上げた
　→売上（収益）の発生

6章　その他の取引

他店発行の商品券は「他店商品券(資産)」で処理する

これまでは、当店(南北デパート)が発行した商品券の処理についてみてきましたが、こんどはほかのお店(東西デパート)が発行した商品券の処理についてみてみましょう。

当店(南北デパート)が
お客さんに商品を販売したとき、
他店(東西デパート)が発行した
商品券を受け取ったとしましょう。

他店(東西デパート)が発行した商品券と交換で、
当店(南北デパート)の商品を引き渡した場合、
当店(南北デパート)はあとで他店(東西デパート)に、
その分のお金を請求することができます。

そこで、他店が発行した商品券は
「他店商品券」という資産の勘定科目で処理します。

借方科目	金　額	貸方科目	金　額
▶他店商品券◀ 資産	××		

なお、他店商品券を精算したときは、

他店商品券（資産）の減少として処理します。

借方科目	金　額	貸方科目	金　額
		▶他 店 商 品 券◀ 資産	××

それでは、商品券と他店商品券の仕訳をしてみましょう。

> **例 6-6**
> ①商品 10,000 円を売り上げ、他店発行の商品券を受け取った。
> ②他店発行の商品券 10,000 円と他店が所有する当店発行の商品券 8,000 円を交換し、差額の 2,000 円は現金で精算した。

①他店商品券の受取時の仕訳

借方科目	金　額	貸方科目	金　額
他 店 商 品 券	10,000	売　　　　上	10,000

❷ 他店発行の商品券を受け取った
　→他店商品券（資産）の増加

❶ 商品を売り上げた
　→売上（収益）の発生

②商品券の精算時の仕訳

商品券の精算
❷ →当店発行の商品券（負債）の減少

借方科目	金　額	貸方科目	金　額
商　　品　　券	8,000	他 店 商 品 券	10,000
現　　　　　金	2,000		

❸ 差額は現金で精算

❶ 商品券の精算
　→他店発行の商品券（資産）の減少

当店発行の商品券は負債、他店発行の商品券は資産
ということを忘れずに！

> **商品券と他店商品券**
> ・当店発行の商品券→商品券（負債）で処理
> ・他店発行の商品券→他店商品券（資産）で処理

18 貸付金と借入金

お金を貸したときは「貸付金（資産）」で処理する

事業を行っていると、取引先にお金を貸したり、
反対に取引先や銀行からお金を借りたりすることがあります。

取引先にお金を貸した場合、
あとでお金を返してもらえる権利が発生します。
このお金を貸すことによって発生した
お金を返してもらえる権利は
「貸付金」という資産の勘定科目で処理します。

したがって、取引先にお金を貸したときは、
貸付金（資産）の増加として**処理**します。

借方科目	金　額	貸方科目	金　額
▶貸　付　金 資産 ××			

そして、取引先からお金を返してもらったときは、
貸付金（資産）の減少として**処理**します。

6章　その他の取引

借方科目	金　額	貸方科目	金　額
		▶貸　　付　　金◀ 資産	××

> **貸付金にかかる利息は「受取利息（収益）」で処理する**

お金を貸したり、借りたりするときには、
通常、利息が発生します。

お金を貸したときには、利息を受け取りますが、
利息を受け取ったときは、
「受取利息」という収益の勘定科目で処理します。

借方科目	金　額	貸方科目	金　額
		受　取　利　息 収益	××

なお、利息の金額は貸付金額に年利率を掛けて計算しますが、
貸付期間が1年ではない場合には、月割計算 をします。

たとえば**貸付金額が 40,000 円**で、**年利率が3％**、
貸付期間が5カ月の場合の受取利息は次のようになります。

受取利息：$\underbrace{40,000 円 \times 3\%}_{1年分の利息} \times \dfrac{5カ月}{12カ月} = 500 円$

上記は貸付金にかかる利息（受取利息）の計算ですが、
借入金にかかる利息（支払利息）の計算も同様に行います。

利息の計算

$$利息 = 貸付金額（借入金額）\times 年利率 \times \frac{貸付（借入）月数}{12カ月}$$

ここで、貸付金に関する仕訳を確認しておきましょう。

例 6-7
① A商店に現金40,000円を貸し付けた。
② A商店より貸付金40,000円の返済を受け、利息とともに現金で受け取った。なお、年利率は3％で貸付期間は5カ月である。

①貸付時の仕訳

借方科目	金　額	貸方科目	金　額
貸　付　金	40,000	現　　　金	40,000

②現金を貸し付けた
→あとで返してもらえる
→貸付金（資産）の増加

①現金を貸し付けた
→手許の現金が減る
→現金（資産）の減少

②返済時の仕訳

貸付金の返済を受けた
②→貸付金（資産）の減少

借方科目	金　額	貸方科目	金　額
現　　　金	40,500	貸　付　金	40,000
		受　取　利　息	500

①現金で受け取った
→現金（資産）の増加

③利息を受け取った
→受取利息（収益）の発生

$$40,000円 \times 3\% \times \frac{5カ月}{12カ月}$$

18 貸付金と借入金

6章　その他の取引

お金を借りたときは「借入金（負債）」で処理する

こんどはお金を借りたときの処理です。

取引先や銀行からお金を借りた場合、
あとでお金を返さなければなりませんよね。

このお金を借りることによって発生した
お金を返さなければならない義務は
「借入金」という負債の勘定科目で処理します。

したがって、取引先や銀行からお金を借りたときは、
借入金（負債）の増加として処理します。

借方科目	金　額	貸方科目	金　額
		▶借　入　金◀ 負債	××

そして、取引先や銀行にお金を返したときは、
借入金（負債）の減少として処理します。

借方科目	金　額	貸方科目	金　額
▶借　入　金◀ 負債	××		

借入金にかかる利息は「支払利息（費用）」で処理する

お金を借りたときには、通常、利息を支払いますが、
利息を支払ったときは、
「支払利息」という費用の勘定科目で処理します。

借方科目	金　額	貸方科目	金　額
▶支　払　利　息◀ 費用	××		

なお、利息の金額は受取利息の場合と同様、
借入金額に年利率を掛けて計算し、
借入期間が1年ではない場合には、月割計算をします。

では、借入金に関する仕訳を確認しておきましょう。

例 6-8
① B商店から現金 40,000 円を借り入れた。
② B商店に対する借入金 40,000 円を返済し、利息とともに現金で支払った。なお、年利率は3％で借入期間は5カ月である。

①借入時の仕訳

借方科目	金　額	貸方科目	金　額
現　　　　　金	40,000	借　入　金	40,000

❶ 現金を借り入れた
　→手許に現金が増える
　→現金（資産）の増加

❷ 現金を借り入れた
　→あとで返さなければならない
　→借入金（負債）の増加

18 貸付金と借入金

6章　その他の取引

②返済時の仕訳

借入金を返済した
②→借入金(負債)の減少

借方科目	金　額	貸方科目	金　額
借　入　金	40,000	現　　　金	40,500
支　払　利　息	500		

①現金で支払った
→現金(資産)の減少

③利息を支払った
→支払利息(費用)の発生

$$40,000 円 \times 3\% \times \frac{5 カ月}{12 カ月}$$

約束手形を用いる場合は、「手形貸付金」や「手形借入金」で処理する

お金を貸したり借りたりするときは、通常借りた側が貸した側に「いくらを借りました」という証明として借用証書を渡しますが、借用証書の代わりに、約束手形を用いることがあります。

借用証書
↓
貸付金
借入金

この場合には、「貸付金」や「借入金」のアタマに「手形」をつけて、**手形貸付金(資産)や手形借入金(負債)**として処理します。

手形
↓
手形貸付金
手形借入金

貸付金・手形貸付金と借入金・手形借入金

・借用証書による場合
　→貸付金(資産)または借入金(負債)で処理
・約束手形による場合
　→手形貸付金(資産)または手形借入金(負債)で処理

☆「資本金と引出金」…その前に。

雑貨が好きなOL 金井です。

いつかは自分のお店を持ちたいと思いながら、毎日お仕事をがんばり

貯金がついに目標額に達したので

退職し、もろもろの手続きをし、

いよいよ開店準備

とりあえず、自分の貯金から300万円をお店のお金に移し、運転資金を確保！

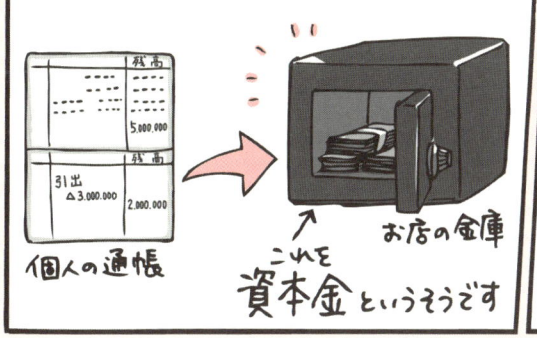

個人の通帳 → お店の金庫

これを**資本金**というそうです

さて、めでたくお店がオープンし

売上げも順調！

ありがとうございます

すてきな器ね

儲けも出てます！

でも、

ぐ〜

なんだか
ひもじい私…

お腹すいたな…

がまんがまん

というのも

この1年間、個人の生活費はOL時代の貯金を
とりくずして使っていたので

友人とのみ代とか

映画代とか

残高 1,500

ひょえー!!

ついに貯金残高が
さみしいことになったのです。

お店のお金は
たくさんあるのですが、

お店の金庫

もともと貯金は
私のお金だし…

会社のお金

OL時代なら横領だよね？

これって私用で使ってもいいんですかね？

19 資本金と引出金

> 「元入れした」といったら
> 「資本金」の増加！

事業を開始するにあたって、なにはともあれ資金が必要です。
要するに元手とか、軍資金というものです。

この元手の集め方は、
お店（個人商店）と会社（株式会社）では異なりますが、
3級の対象はお店（個人商店）なので、
ここではお店（個人商店）の元手について説明します。

通常、個人がお店を開く場合、社員時代やアルバイト時代に
ためた貯金の一部をお店の活動資金にします。

したがって、お店を始めるにあたって、一番はじめにするのは、
店主（事業主）が自分のおサイフからお店のおサイフに
いくらかお金を移すことです。

自分のおサイフからお店のおサイフにいくらかお金を移して、
お店の活動資金とすることを**出資**とか**元入れ**といいます。

6章　その他の取引

店主が現金を元入れすると、
お店のおサイフ（金庫）に現金が増えますよね。
ですから、現金を元入れした場合の借方科目
（り）は「現金」となります。

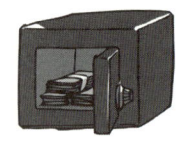

借方科目	金　額	貸方科目	金　額
▶現　　　金◀	××		

そして、貸方（し）は
「資本金」という元手をあらわす勘定科目で処理します。
資本金は**純資産**という区分に分類され、
増えたら貸方（し）に記入します。

借方科目	金　額	貸方科目	金　額
現　　　金	××	▶資　　　本　　　金◀ 純資産	××

ちょっと仕訳をしてみましょうか。

例 6-9
お店の開業にあたり、店主が現金 3,000,000 円を元入れした。

●資本の元入時の仕訳

借方科目	金　額	貸方科目	金　額
現　　　金	3,000,000	資　　本　　金	3,000,000

❶ 現金を元入れした
　→お店のおサイフに現金が入る
　→現金（資産）の増加

❷ 元入れした
　→資本金（純資産）の増加

店主がお店の現金を私用で使ったときは「資本金の減少」または「引出金」で処理する

お店をはじめるにあたって、
お店のおサイフ（金庫）に現金等を元入れしたのは店主です。
ですから、**店主がお店のお金や商品を自分のために使うこと（これを資本の引出しといいます）は自由にできます。**

ちなみに会社（株式会社）の場合、
会社のおサイフ（金庫）に現金等を元入れするのは、
社長や従業員ではなく、株主なんですね。

→ 会社の株式を買った人のことです。

ですから、**会社（株式会社）の場合には、社長や従業員が会社のお金を自分のために使うことはできません。**
この点がお店（個人商店）と会社（株式会社）の大きな違いなので、覚えておいてください。

話をお店（個人商店）に戻しましょう。
店主がお店のお金や商品を私用で使ったときは、
元手を取り崩したと考え、**資本金の減少として処理**します。

ただし、頻繁に資本の引出しが行われる場合には、
「**引出金**」という純資産のマイナスをあらわす勘定科目で処理します。
純資産（貸方科目）のマイナスをあらわす勘定科目なので、
資本を引き出したときは、
借方（⓵）に「引出金」と記入します。

19 資本金と引出金

6章　その他の取引

借方科目	金 額	貸方科目	金 額
▶引　出　金◀ （または資本金）	××		

なお、引き出した金額を店主がお店のおサイフに返したときは、貸方（し）に「**引出金**」と記入します。

借方科目	金 額	貸方科目	金 額
		▶引　出　金◀ （または資本金）	××

試験では問題文に「**××円を家計費として引き出した**」や
「**店主個人の所得税を店の現金で支払った**」、
「**私用で使った**」とあったら、
資本の引出しとして処理します。

では、資本を引き出したときの処理をみてみましょう。

例 6-10 店主が現金5,000円を私用で引き出した。

●資本の引出時の仕訳

借方科目	金 額	貸方科目	金 額
引　出　金 （または資本金）	5,000	現　　　　金	5,000

❶ 現金を引き出した
→お店のおサイフから現金が減る
→現金（資産）の減少

❷ 資本の引出し
→引出金（借方）
　または資本金（純資産）の減少

☆「税金」…その前に。

フラワーショップを営んでいる花井くんです。

いらっしゃいませ～♪

確定申告は正しくお早めに！

お願いしまーす

税務署の人

事業をしていると、お店の儲けに対して所得税が課されます。

儲け（利益）は

(儲け)

利益 ＝ 収益 － 費用

で計算しますよね。

そして、儲け（利益）に対して所得税がかかるということは、

税金 利益

おもい～

利益が大きければ税金も大きく

税金 利益

利益が小さければ税金も小さい かるい

ということに…。

だから…少しでも税金を少なくしたいときは

可能な限り費用を計上するのが有効（※）

これは費用になるかも

領収書

費用が↑なら利益が↓になるから税金も↓になるのです。

※お店の費用として計上できるのは、事業にかかった金額だけです。自分の食費とかを費用に計上してはいけません。

ところで、税金の中には費用となる税金と費用とならない税金がありますが、

所得税は？

住民税は？

残念ながら、所得税や住民税は費用とならない税金です。

なーんだ

ちぇっ

しかし

ん？

固定資産税（※）などは
費用となる税金です。
フラワーショップ
花井
※固定資産税
固定資産
（土地や建物）
を持っている
場合に課される税金
花井
おおー
ってことは
コレは費用
だね！
フラワーショップ
花井
固定資産税
10,000円
やりー
それ　全額を
費用計上しちゃ
ダメですよ
ぬっ
租税を司る税務署の者です
わあっ
な、
なんで？
ですか？
だって
この建物
１階が店舗で
２階が住居でしょ？
住居
店舗
フラワーショップ
花井
2Fはあなたの私室でしょ？
はあ…
そういう場合は
店舗分（事業にかかる分）
しか費用計上しちゃ
ダメなんです
1F部分だと
6割くらい
ですかね
ピッ
ピッ
6割?!
だから
もし店のお金で
固定資産税を
納付した場合
店舗分だけ
費用処理
してくださいね
アーユーOK？
そーなんだ…

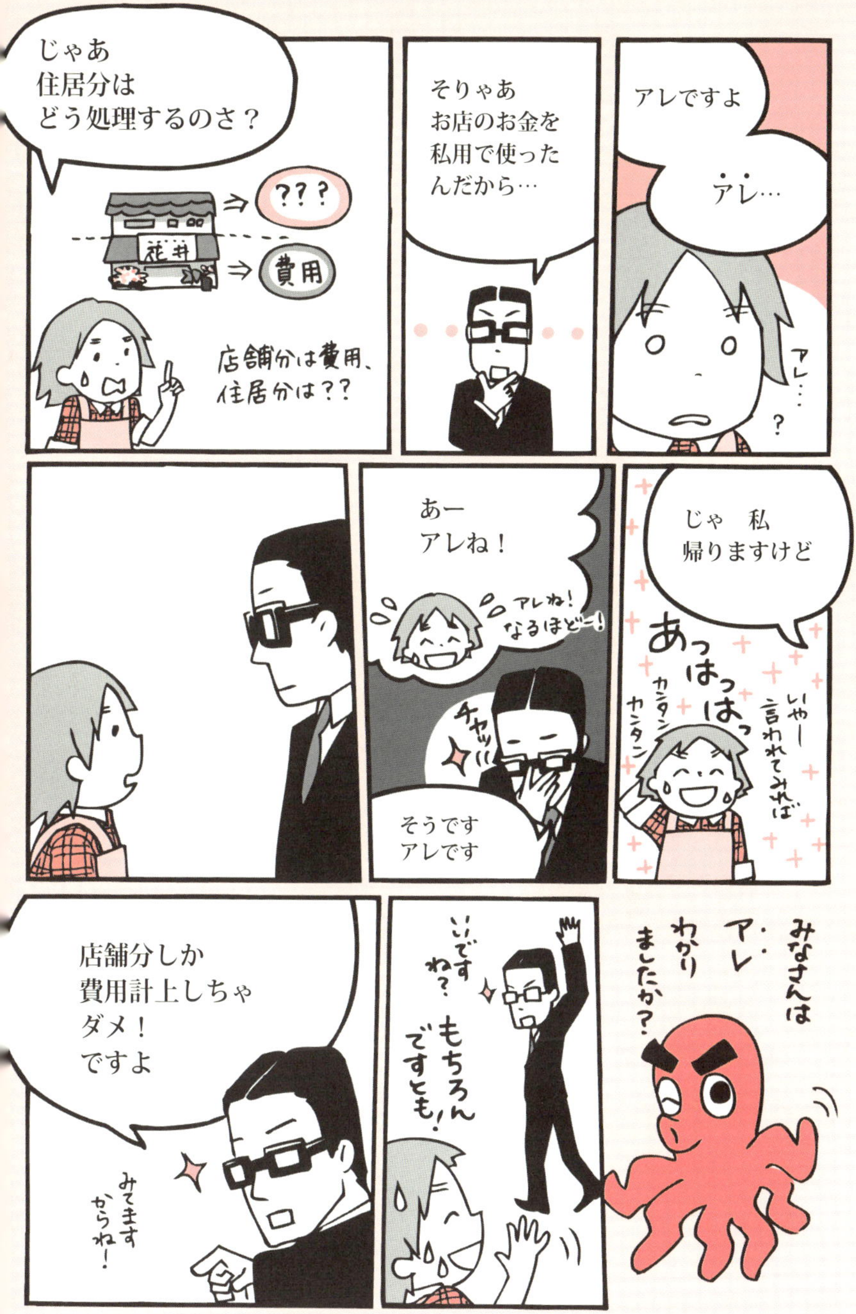

20 税金

> お店の費用となる税金は
> 「租税公課（費用）」で処理する

税金にはさまざまなものがありますが、
簿記上、費用となる税金と
費用とならない税金があります。

税金というと、
身近なところで所得税や住民税がありますが、
所得税や住民税は費用とならない税金です。

したがって、**店主個人の所得税や住民税を
お店のおサイフから支払った**という場合には、
資本の引出しとして処理します。

これに対して、**固定資産税や印紙税、自動車税などは
費用となる税金**で、これらの税金を支払ったときは、
「**租税公課**」という費用の勘定科目で処理します。

借方科目	金　額	貸方科目	金　額
▶租　税　公　課◀ 費用	××		

なお、租税公課として処理できる金額は、
事業にかかる部分の金額だけです。

したがって、たとえば
1階をお店、2階を店主の住居
として使っている建物の固定資産税を、
まとめてお店のおサイフから支払ったときは、
お店にかかる分だけ租税公課（費用）として処理し、
店主の住居分は資本の引出しとして処理する
ことになります。

費用となる税金、費用とならない税金

- 費用となる税金（事業にかかる分のみ）
  …固定資産税、印紙税、自動車税 →租税公課（費用）
- 費用とならない税金…所得税、住民税

では、仕訳を確認しておきましょう。

> **例 6-11** 店舗兼住居の建物にかかる固定資産税 10,000 円を店の現金で支払った。なお、このうち 6,000 円は店舗にかかるもので、4,000 円は家計の負担分である。

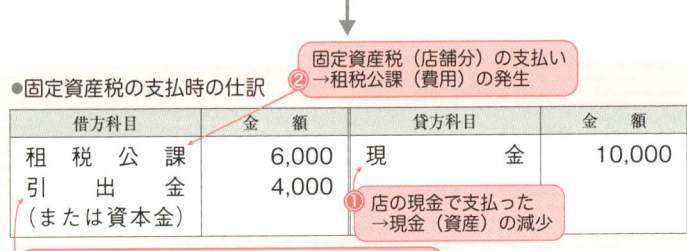

●固定資産税の支払時の仕訳

② 固定資産税（店舗分）の支払い → 租税公課（費用）の発生

借方科目	金　額	貸方科目	金　額
租 税 公 課	6,000	現　　　　金	10,000
引　出　金	4,000		
（または資本金）			

① 店の現金で支払った → 現金（資産）の減少

③ 家計の負担分を店の現金で支払った → 引出金（借方）または資本金（純資産）の減少

以上で6章の内容はおしまいです。
おつかれさまでした。

(ここでサクトレ基本問題 24 〜 29 を解きましょう！)

7章

帳簿
～取引の内容を記録するもの～

＊＊＊こんなことを学習します＊＊＊

- 仕訳帳と総勘定元帳
- 現金出納帳と当座預金出納帳
- 受取手形記入帳と支払手形記入帳
- 小口現金出納帳
- 仕入帳と売上帳
- 商品有高帳
- 売掛金元帳と買掛金元帳

☆「仕訳帳と総勘定元帳」…その前に。

でもなんで
そんなすぐに
スラスラと…
仕訳っていうのを
アンタがつけてるの
知ってるけどさ〜
知ってたのか
こんなのだよね〜
⋮
3/20（借）貸付金 10万（貸）現金 10万
（マリオ）
4/10（借）仕入 5万（貸）買掛金 5万
4/15（借）売掛金 12万（貸）売上 12万
⋮ ⋮ ⋮
キャハッ
あ、この日はマリオに会ってお金貸したんだーよ
日付順だから
誰だよアレは
これって 日記みたいに
みるぶんにはみやすいけど…
いま いくら貸してるとかって
わかりにくくない？
現金が手元にいくらあるとか

フフン
そーだと
思って…
貸付金（マリオ）
3/20 10万
6/25 20万
8/30 15万
10/25 10万
11/25 5万
フーか
ちまたで
はやってるし～
勘定科目ごと
借方・貸方ごとに
金額を集計していたのさ！
フッ
だから
一目瞭然
ふふん
おお
ルカ…
アンタ
すげーよ！
ルカ！
ガッ

オレ　すっごい
カンドーしたよ
アンタ天才
だったんだな…！
マリオ…！
やっと わかって
くれたか…！
だから
みんなにも
知らせてくるよ！
よせよ〜
テレるじゃないか〜
じゃあ　またな
ルカ！
いってらっしゃい！
バタン
あれ…
もしかして…
また　逃げられた…？
マリオの勝ち！
フィクションです！

21 仕訳帳と総勘定元帳

必ず用意しておかなければならない主要簿と必要に応じてつくる補助簿

7章では**帳簿**について学習します。

お店や会社では、取引が発生したら帳簿に記入します。
ひと口に帳簿といっても、
必ず用意しておかなければならない帳簿（主要簿）と
必要に応じてつくればよい帳簿（補助簿）があります。

まずは主要簿からみてみましょう。

仕訳を記入する帳簿が仕訳帳

6章までは、各取引と仕訳について学習しましたが、
取引の仕訳は**仕訳帳**という帳簿に記入します。

取引が発生したら、仕訳をします。
ですから、仕訳帳は必ず用意しておかなければならない帳簿、

主要簿です。

仕訳帳は以下のような形をしています。

日付	借方科目	金　額	貸方科目	金　額
4／2	仕　　　入	2,000	買　掛　金	2,000

仕　訳　帳

1

平成×1年		摘　　要	元丁	借　方	貸　方
4	2	（仕　　　入）	15	2,000	
		（買　掛　金）	20		2,000
		いいだこ屋より仕入れ			

Ⓐ　　　Ⓑ　　　Ⓒ　　Ⓓ

まずは、日付欄（Ⓐ）。ここには取引をした日付を記入します。
これはいいですね。

次に摘要欄（Ⓑ）ですが、借方の科目は左側に、
貸方の科目は右側に**カッコをつけて記入**します。
そして、その下に取引の**内容を簡単に**メモし、
「この取引の内容はここまで」という意味の線（――）
を引きます。

また借方の金額は借方欄に、
貸方の金額は貸方欄に記入します（Ⓓ）。

21　仕訳帳と総勘定元帳

残った元丁欄（**C**）には、総勘定元帳の番号を記入します。
総勘定元帳についてはこのあと説明しますので、
ここでは無視してかまいません。

なお、仕訳には借方科目が2つある、
というものもあります。
このように借方および貸方に複数の勘定科目がある場合には、
「勘定科目がいくつかあるよ」という意味で、
「諸口」 と書いておきます。

日付	借方科目	金　額	貸方科目	金　額
4/11	仕　　　入	2,000	買　掛　金 現　　　金	1,500 500

仕　訳　帳　　　　　　　1

平成 ×1年		摘　　　　要	元丁	借　方	貸　方
4	11	（仕　　　入）▶諸　　　口◀	15	2,000	
		（買　掛　金）	20		1,500
		（現　　　金）	1		500
		いいだこ屋より仕入れ			

日商の試験で「仕訳帳に記入しなさい」という問題は
ほとんど出題されないので、
試験を受ける方は、仕組みだけ知っておいてください。

仕訳をしたら、勘定科目ごとに総勘定元帳に転記する

取引が発生したら、仕訳帳に仕訳をしていきますが、
仕訳帳は日付ごとに記入するものなので、
いま現金や買掛金がいくらあるのかといった、
個々の勘定科目の状況はわかりません。

そこで、各勘定科目の状況を明らかにするため、
仕訳をしたあと、勘定科目ごとに金額を記入していきます。
この勘定科目ごとに金額を記入する帳簿を**総勘定元帳**といい、
総勘定元帳も必ず用意しておかなければならない帳簿、
主要簿に分類されます。

さきほどの4月2日の仕訳帳の記入から
総勘定元帳の記入の仕方をみてみましょう。

仕　訳　帳　　1

平成×1年		摘　　　要	元丁	借　方	貸　方
4	2	（仕　　入）	15	2,000	
		（買　掛　金）	20		2,000
		いいだこ屋より仕入れ			

上記の仕訳帳で、まず出てくる勘定科目が
借方（ り ）・**仕入**ですね。

21 仕訳帳と総勘定元帳

そこで、総勘定元帳の「仕入」の借方（**り**）に
日付と金額を記入します。

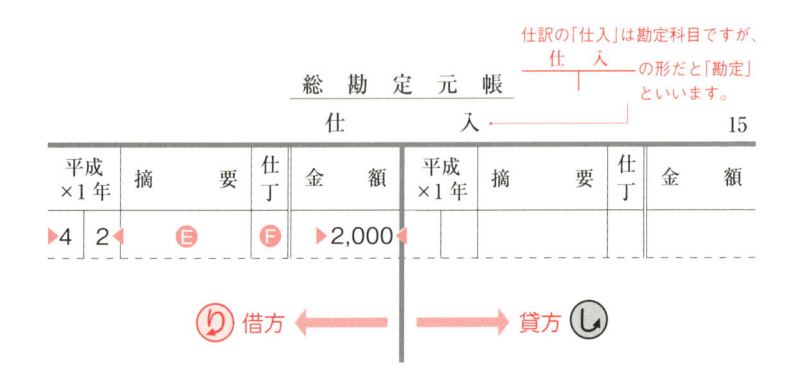

仕訳の「仕入」は勘定科目ですが、
仕　入
の形だと「勘定」といいます。

総　勘　定　元　帳

仕　　　　　入　　　　　　　　　15

平成×1年	摘　要	仕丁	金　額	平成×1年	摘　要	仕丁	金　額
4 2	**E**	**F**	2,000				

り 借方　←→　貸方 **し**

摘要欄（**E**）には、仕訳の相手科目を記入します。
4月2日の取引の場合、「仕入」の相手科目は
「買掛金」なので、「**買掛金**」と記入します。

また、仕丁欄（**F**）には、仕訳帳のページ数を記入します。
ページ数は仕訳帳の右肩に書いてある数字「1」ですね。

ここで、仕訳帳の元丁欄（**C**）に、
総勘定元帳の番号を記入します。

総勘定元帳の番号は、現金や仕入など、
勘定ごとに振られた番号で、お店や会社によって異なります。

前記の例では、仕入勘定の番号は「15」なので、
仕訳帳の「仕入」の元丁欄に「15」と記入します。

買掛金勘定の番号は「20」と仮定しています。

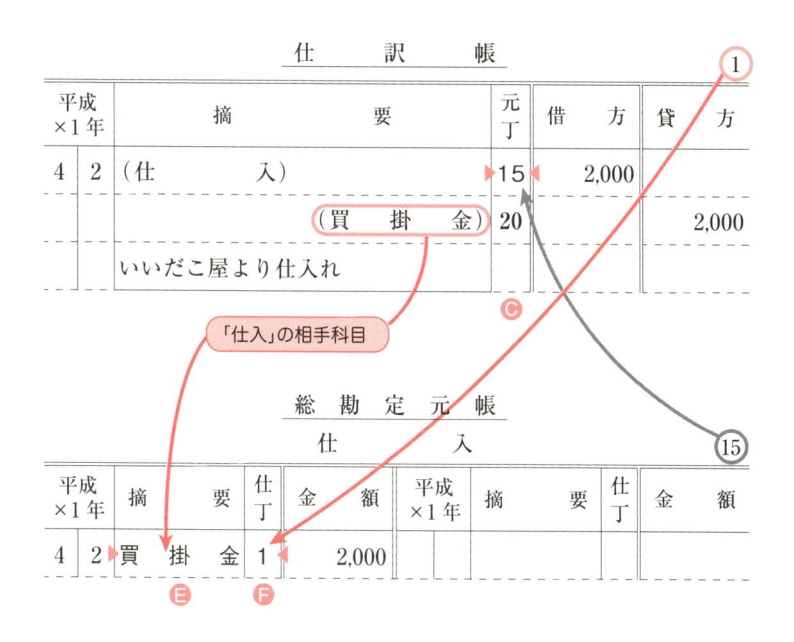

仕　訳　帳

平成×1年		摘　　　要	元丁	借　方	貸　方
4	2	（仕　　　入）	15	2,000	
		（買　掛　金）	20		2,000
		いいだこ屋より仕入れ			

「仕入」の相手科目

総　勘　定　元　帳
仕　　入

平成×1年		摘　要	仕丁	金　額	平成×1年	摘　要	仕丁	金　額
4	2	買　掛　金	1	2,000				

つまり、**仕訳帳の元丁欄**は
「総勘定元帳のココに金額を書いたよ」ということをあらわし、
総勘定元帳の仕丁欄は
「仕入帳のココの金額を持ってきたよ」ということをあらわしているのです。

なお、仕訳帳の金額を総勘定元帳に記入することを
転記（てんき）といいます。

7章　帳簿

21 仕訳帳と総勘定元帳

22 現金出納帳と当座預金出納帳

現金の出し入れを管理するのが現金出納帳

入金・出金の状況を記入する帳簿を**現金出納帳**といいます。
現金出納帳の記入は、形式をみればわかると思うので、詳細な説明は省略します。

現　金　出　納　帳

平成×1年		摘　　　要	収　入	支　出	残　高
4	1	前月繰越（前月末の残高）	5,000		5,000
	2	イタメシ屋へ売上げ	3,000		8,000
	10	いいだこ屋の買掛金支払い		1,000	7,000

収入欄：商品を売り上げ、現金を受け取ったときの現金収入額
支出欄：買掛金を現金で支払ったときの現金支出額

「おこづかい帳のようなものだね！」

現金出納帳は**補助簿**に分類されます。

> **当座預金の状況を管理するのが当座預金出納帳**

当座預金の状況を記入する帳簿を**当座預金出納帳**といいます。
当座預金を引き出す場合、小切手を振り出すため、
当座預金出納帳には**小切手番号**を記入する欄があります。
また、**当座借越**となる場合もあるため、**借・貸欄**もありますが、
それ以外は現金出納帳の記入とほぼ同じです。

> 当座借越が生じていなければ「借」、当座借越が生じていれば「貸」ですね。

当 座 預 金 出 納 帳

平成×1年		摘　　　　要	小切手番号	預　入	引　出	借/貸	残　高
4	1	前月繰越		1,000		借	1,000
	2	いいだこ屋から仕入れ	43		4,000	貸	3,000
	8	イタメシ屋の売掛金回収		3,500		借	500

> 振り出した小切手の番号

> 「貸」（貸方残高）は当座借越を意味します

当座預金出納帳も**補助簿**に分類されます。

23 受取手形記入帳と支払手形記入帳

まずは受取手形記入帳！

つづいて、**受取手形の状況を記入する受取手形記入帳**と、
支払手形の状況を記入する支払手形記入帳です。
どちらも**補助簿**に分類されます。
まずは、受取手形記入帳の記入からみてみましょう。

受 取 手 形 記 入 帳

平成×1年		手形種類	手形番号	摘要	支払人	振出人または裏書人	振出日		満期日		支払場所	手形金額	てん末		
							月	日	月	日			月	日	摘要
4	1	約手	22	売上	C商店	C商店	4	1	6	30	T銀行	200	6	30	入金
Ⓐ		Ⓑ	Ⓒ	Ⓓ	Ⓔ	Ⓕ	Ⓖ		Ⓗ		Ⓘ	Ⓙ	Ⓚ		

受取手形記入帳の**日付欄**（Ⓐ）には**日付**を、
手形種類欄（Ⓑ）には、受け取った手形が
約束手形なら「約手」、為替手形なら「為手」と記入します。
また、手形には番号が記載されているので、
手形番号（Ⓒ）も記入します。

摘要欄（D）には、「受取手形」の相手科目を記入します。
商品を売り上げたさいに手形を受け取ったなら「売上」、
売掛金の回収として手形を受け取ったなら「売掛金」ですね。

支払人欄（E）には**手形代金を支払う人**を記入します。
振出人または裏書人欄（F）には、
当店に手形を渡した人、つまり
手形を振り出した人または手形を裏書譲渡した人を記入します。

また、**振出日欄（G）**には**手形の振出日**を、
満期日欄（H）には**手形の満期日**、
つまり**手形代金を受け取れる日**を記入します。

そして、**支払場所欄（I）**には、
手形代金の支払いがされる場所を記入します。
通常は銀行等の金融機関となります。

手形金額欄（J）には、
手形に記載されている金額を記入します。

ここまでは、手形を受け取ったときに記入する内容です。

そして、**てん末欄（K）**には、
「**最終的な手形の行く末**」を記入します。
受け取った手形の代金を回収した場合なら「**入金**」、
受け取った手形を裏書譲渡した場合なら「**裏書譲渡**」、

受け取った手形を割り引いた場合なら「**割引き**」となります。

つづいて支払手形記入帳!

次に支払手形記入帳です。

支払手形記入帳

平成×1年		手形種類	手形番号	摘要	受取人	振出人	振出日		満期日		支払場所	手形金額	てん末		
							月	日	月	日			月	日	摘要
5	1	約手	10	仕入	B商店	当店	5	1	5	31	U銀行	400	5	31	支払済
Ⓐ		Ⓑ	Ⓒ	Ⓓ	Ⓔ	Ⓕ	Ⓖ		Ⓗ		Ⓘ	Ⓙ	Ⓚ		

日付欄(Ⓐ)、**手形種類欄**(Ⓑ)、**手形番号欄**(Ⓒ)の記入は受取手形記入帳と同様です。

摘要欄(Ⓓ)には、「**支払手形**」の相手科目を記入します。

商品を仕入れたさいに約束手形を振り出したなら「仕入」、
買掛金の決済として為替手形を引き受けたなら「買掛金」ですね。

受取人欄(Ⓔ)には**手形代金を受け取る人**を、
振出人欄(Ⓕ)には**手形を振り出した人**を記入します。
当店が手形を振り出したなら「当店」と記入します。

また、**振出日欄**（**G**）には**手形の振出日**を、
満期日欄（**H**）には**手形の満期日**、
つまり**手形代金を支払う日**を記入します。

支払場所欄（**I**）と**手形金額欄**（**J**）には、
支払場所と手形に記載されている金額を記入します。

ここまでは、約束手形を振り出したとき
または為替手形を引き受けたときに記入する内容です。

そして、**てん末欄**（**K**）には、
「**最終的な手形の行く末**」を記入します。
支払手形の場合は、当店が手形代金の支払人なので、
通常は「**支払済**」や「**当座預金口座より支払い**」など
となります。

手形記入帳の記入自体はそれほど難しくはないのですが、
試験では記入済みの手形記入帳から取引を推定する、
という問題が出題されることもあるので、
特に摘要欄とてん末欄にはどんな内容が記載されるのかを
確認しておいてください。

24 小口現金出納帳

> 小口現金を管理するための帳簿を
> 小口現金出納帳という

小口現金は小口係が管理して、
一定期間後に会計係に支払報告します。
そして、**小口現金の管理をするための帳簿を**
小口現金出納帳といい、形式は次のとおりです。

小 口 現 金 出 納 帳

受 入	平成×1年		摘　　要	支　払	内　訳			
					交通費	通信費	消耗品費	雑　費
3,000	6	11	前週繰越					
		12	はがき代	1,000		1,000		
		13	バス代	400	400			
		14	ボールペン代	300			300	
		15	お茶菓子代	500				500

❶ 支払った金額を記入し、

❷ 内訳欄にも金額を記入します
はがき代は通信費なので、通信費の欄に記入します

なお、小口現金出納帳は**補助簿**に分類されます。

小口現金出納帳の記入でポイントとなるのは、
支払内容に応じて適切な費目に分類できるかという点と
補給時の記入方法です。

前者については、たとえばバス代は**交通費**に、
はがき代は**通信費**に分類されるといったものですが、
この分類についてはすでに2章で学習したので、
ここでは補給時の記入方法について主にみていきましょう。

忘れてしまった
方のために！

主な費目

　水道光熱費…電気代、水道代、ガス代など
　通　信　費…切手代、電話代など
　旅費交通費…電車代、バス代、タクシー代など
　雑　　　費…その他の少額の費用（お茶菓子代など）

週末に補給する場合、次週繰越額は定額になる！

まずは、**小口現金の補給が週末に行われる場合**です。

この場合、週末において、
いったん今週使った金額を合計します。

24 小口現金出納帳

7章　帳簿

小 口 現 金 出 納 帳

受 入	平成×1年		摘　　要	支　払	内　訳			
					交通費	通信費	消耗品費	雑　費
3,000	6	11	前週繰越					
		12	はがき代	1,000		1,000		
		13	バス代	400	400			
		14	ボールペン代	300			300	
		15	お茶菓子代	500				500
			合　　計	2,200	400	1,000	300	500

今週、使った金額

そして、週末補給の場合、
支払報告と同時に、使った分だけ小口現金が補給されるので、
使った金額（2,200円）を「本日補給」として、
受入欄に記入します。

小 口 現 金 出 納 帳

受 入	平成×1年		摘　　要	支　払	内　訳			
					交通費	通信費	消耗品費	雑　費
			合　　計	2,200	400	1,000	300	500
2,200		15	本日補給					

使った分だけ補給されるので、この時点で
小口現金は定額（ここでは3,000円）になります。
そして、定額が次週に繰り越されます。

小口現金出納帳

受入	平成×1年		摘要	支払	内訳			
					交通費	通信費	消耗品費	雑費
3,000	6	11	前週繰越					
		12	はがき代	1,000		1,000		
		13	バス代	400	400			
		14	ボールペン代	300			300	
		15	お茶菓子代	500				500
			合計	2,200	400	1,000	300	500
2,200		15	本日補給					
		〃	次週繰越	3,000				
5,200				5,200				

（受入欄 3,000 と 2,200 を囲み 5,200 へ）週がわるので、ここで合計額を計算します

（支払欄 3,000 を囲み 5,200 へ）週末に定額に戻ります

そして、翌週の月曜日は定額（3,000円）からスタートします。

小口現金出納帳

受入	平成×1年		摘要	支払	内訳			
					交通費	通信費	消耗品費	雑費
		〃	次週繰越	3,000				
5,200				5,200				
3,000	6	18	前週繰越					

この金額を…

ここに記入します

24 小口現金出納帳

> **週明けに補給する場合、次週繰越額は補給前の残っている金額になる**

次に、**小口現金の補給が週明けに行われる場合**ですが、
この場合も、支払報告のために、
いったん今週、使った金額を合計します。

小口現金出納帳

受入	平成×1年		摘要	支払	内訳			
					交通費	通信費	消耗品費	雑費
1,000	6	11	前週繰越					
2,000	〃		本日補給					
		12	はがき代	1,000		1,000		
		13	バス代	400	400			
		14	ボールペン代	300			300	
		15	お茶菓子代	500				500
			合計	2,200	400	1,000	300	500

> これは週末補給の場合と同じです

そして、週明補給の場合、
週末にはまだ補給されませんので、
残っている金額（補給前の金額）だけが翌週に繰り越されます。

小口現金出納帳

受入	平成×1年		摘要	支払	内訳			
					交通費	通信費	消耗品費	雑費
1,000	6	11	前週繰越					
2,000	〃		本日補給					
		12	はがき代	1,000		1,000		
		13	バス代	400	400			
		14	ボールペン代	300			300	
		15	お茶菓子代	500				500
			合計	2,200	400	1,000	300	500
		15	次週繰越	800				
3,000				3,000				

800 = 3,000円 − 2,200円
　　　定額　　使った金額

週がかわるので、ここで合計額を計算します

そして、翌週の月曜日に
使った金額だけ補給され、定額（3,000円）に戻ります。

小口現金出納帳

受入	平成×1年		摘要	支払	内訳			
					交通費	通信費	消耗品費	雑費
			合計	2,200	400	1,000	300	500
		15	次週繰越	800				
3,000				3,000				
800	6	18	前週繰越					
▶2,200◀	〃		本日補給					

使った金額が…

翌週、補給されて
定額（800円＋2,200円＝3,000円）に！

24 小口現金出納帳

25 仕入帳と売上帳

仕入れと売上げに関する取引を記入する帳簿が仕入帳と売上帳

仕入れに関する取引を記入する帳簿を**仕入帳**、
売上げに関する取引を記入する帳簿を**売上帳**といい、
いずれも**補助簿**に分類されます。

仕入帳も売上帳も取引日ごと、商品ごとに
単価や個数、金額を記入していきますが、
返品や値引きがあったときは、赤字で次のように記入します。

試験では黒の鉛筆しか使えないので、黒字で記入します。

仕　入　帳

平成×1年		摘　　要			内　訳	金　額
4	2	いいだこ屋	仕入先　支払方法	掛け		
		トマト	100個 ×	@　20円	2,000	4,000
		ピーマン	200個 ×	@　10円	2,000	
	5	いいだこ屋		掛け返品		
		ピーマン	10個 ×	@　10円		100

商品名、数量、単価

返品、値引きは赤字で記入

また、月末に帳簿を締め切りますが、このときは、

🅐 **いったん返品・値引きを考慮しない金額**
  （総仕入高または総売上高）を記入したあと、
🅑 **返品・値引額を記入し、**
🅒 **最後に差額で純仕入高または純売上高を記入します。**

仕　　入　　帳

平成 ×1年		摘　　　　要	内　訳	金　額
4	2	いいだこ屋　　　　　　　　掛け		
		トマト　　100個　＠　20円	2,000	
		ピーマン　200個　＠　10円	2,000	4,000
	5	いいだこ屋　　　　　　　　掛け返品		
		ピーマン　10個　＠　10円		100
	30	🅐 総仕入高		4,000
		🅑 仕入戻し高		100
		🅒 純仕入高		3,900

（4,000円 −100円）

売上帳の記入も同様です。

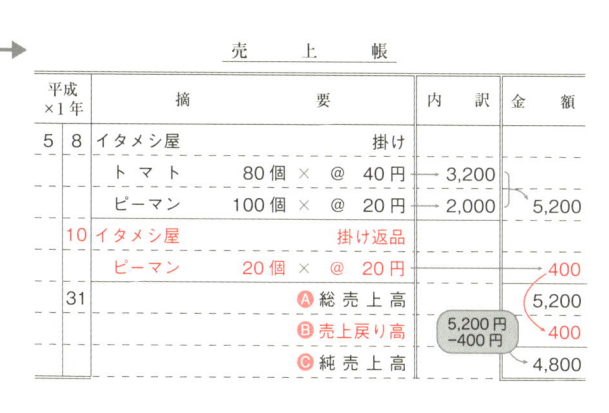

売　　上　　帳

平成 ×1年		摘　　　　要	内　訳	金　額
5	8	イタメシ屋　　　　　　　　掛け		
		トマト　　80個 ×　＠　40円	3,200	
		ピーマン　100個 ×　＠　20円	2,000	5,200
	10	イタメシ屋　　　　　　　　掛け返品		
		ピーマン　20個 ×　＠　20円		400
	31	🅐 総売上高		5,200
		🅑 売上戻り高		400
		🅒 純売上高		4,800

（5,200円 −400円）

25 仕入帳と売上帳

26 商品有高帳

商品の在庫を管理する帳簿が商品有高帳！

商品の種類ごとに仕入れ・売上げのつど、数量や単価を記入し、在庫を明らかにする帳簿を**商品有高帳**といいます。
なお、商品有高帳は**補助簿**に分類されます。

商 品 有 高 帳

日付	摘要	受入			払出			残高		
		数量	単価	金額	数量	単価	金額	数量	単価	金額

- 「仕入」や「売上」を記入
- 受け入れた商品のデータ（仕入や売上戻り）を記入
- 払い出した商品のデータ（売上や仕入戻し）を原価で記入
- 手許に残っている商品のデータを記入

商品有高帳の**払出欄**には、
払い出した商品の数量や単価を記入しますが、
このときの単価は売価ではなく、**原価**で記入することに注意しましょう。
なお、同じ商品でも仕入時期や仕入先の違いから、
仕入単価（原価）が異なる場合があります。

そこで、異なる単価の商品を売り上げたとき、
どの仕入単価のものを売り上げたのかを決定する必要があります。
このときの売り上げた商品の原価（単価）を**払出単価**といい、
3級で学習する払出単価の決定方法には、
先入先出法と**移動平均法**の2つがあります。
まずは先入先出法からみていきましょう。

> 先入先出法は「さきに仕入たものから
> 先に出した」と考えて！

先入先出法とは、**さきに仕入れたものから順に払い出したと
仮定して払出単価を決定する方法**をいいます。
ですから、商品有高帳に記入するときは、
さきに仕入れた商品の単価と、あとに仕入れた商品の単価を
分けて記入する必要があります。
たとえば、6月1日時点の在庫（前月繰越）が5個
（単価＠10円）で、6月3日に20個（単価＠15円）を仕入れた
という場合の記入は次のようになります。

商　品　有　高　帳　　　　　（先入先出法）

日付		摘　要	受　入			払　出			残　高		
			数量	単価	金額	数量	単価	金額	数量	単価	金額
6	1	前月繰越	5	10	50				5	10	50
	3	仕　入	20	15	300				5	10	50
									20	15	300

さきに仕入れたものと
あとに仕入れたものを
分けて記入しておく

また、6月10日に10個を売り上げた場合、

さきに仕入れた5個（@10円）からさきに払い出して（ⓐ）、
足りない分5個はあとに仕入れた@15円のものを
払い出した（ⓑ）として記入します。

商　品　有　高　帳　　　　　　（先入先出法）

日付		摘　要	受　入			払　出			残　高		
			数量	単価	金額	数量	単価	金額	数量	単価	金額
6	1	前月繰越	5	10	50				5	10	50
	3	仕　入	20	15	300				5	10	50
									20	15	300
	10	売　上				5	10	50			
						5	15	75	15	15	225

〔10個〕

〔20個のうち5個を払い出したと考える〕　〔だから在庫は20個-5個＝15個〕

ちなみに、先入先出法で売上戻りがあった場合は、
あとに払い出したものが戻ってきたと考えて記入します。
したがって、**6月12日に2個が返品されたという場合には、**
あとに払い出した単価@15円の商品が2個返品されたとして
受入欄に記入します。

商　品　有　高　帳　　　　　　（先入先出法）

日付		摘　要	受　入			払　出			残　高		
			数量	単価	金額	数量	単価	金額	数量	単価	金額
	10	売　上				5	10	50			
						5	15	75	15	15	225
	12	売上戻り	2	15	30				17	15	255

〔このうち2個が戻ってきたと考える〕　〔だから在庫は15個＋2個＝17個〕

そして、月末に商品有高帳を締め切りますが、
このとき、月末の残高欄のデータを払出欄にも
「次月繰越」として記入（❶）し、
受入数量・金額と払出数量・金額を一致させてから
締め切る（❷）ことに注意しましょう。

商　品　有　高　帳　　　　　（先入先出法）

日付		摘　要	受　入			払　出			残　高		
			数量	単価	金額	数量	単価	金額	数量	単価	金額
6	1	前月繰越	5	10	50				5	10	50
	3	仕　入	20	15	300				5	10	50
									20	15	300
	10	売　　上				5	10	50			
						5	15	75	15	15	225
	12	売上戻り	2	15	30				17	15	255
	30	次月繰越				17	15	255			
			27	―	380	27	―	380			
7	1	前月繰越	17	15	255				17	15	255

❶ 月末の残高欄のデータを払出欄にも「次月繰越」として赤字（試験では黒字）で記入

❷ 受入欄と払出欄の数量・金額を一致させて締め切る

❸ 月末の残高欄のデータ（❶）を「前月繰越」として受入欄に記入

移動平均法は仕入れのつど、仕入単価を計算しなおす！

つづいて、移動平均法の場合です。

移動平均法とは、**仕入れのつど平均単価を計算し、平均単価を払出単価とする方法**をいいます。

26 商品有高帳

たとえば、
6月1日時点の在庫（前月繰越）が5個（単価@10円）で、
6月3日に20個（単価@15円）を仕入れた
という場合、平均単価はどのように計算するでしょう？

「仕入原価の合計を在庫数量で割れば
　いいんじゃないかな？」

6月1日の仕入原価が@10円×5個＝50円で、
6月3日の仕入原価が@15円×20個＝300円なので、
平均単価は、(50円＋300円)÷(5個＋20個)＝@14円ですね！

$$平均単価：\frac{@10円 \times 5個 + @15円 \times 20個}{5個 + 20個} = @14円$$

ですから、6月3日の記入は次のようになります。

商　品　有　高　帳　　　　　　　（移動平均法）

日付		摘要	受入			払出			残高		
			数量	単価	金額	数量	単価	金額	数量	単価	金額
6	1	前月繰越	5	10	50				5	10	50
	3	仕入	20	15	300				25	14	350

❶ 5個＋20個
❷ 50円＋300円
❸ 平均単価 350円÷25個

また、6月10日に10個を売り上げ、
6月12日に2個が返品された
という場合の記入は次のようになります。

商 品 有 高 帳　　　　　　　　（移動平均法）

② 10個を払い出したので
在庫は25個－10個＝15個

日付		摘 要	受 入			払 出			残 高		
			数量	単価	金額	数量	単価	金額	数量	単価	金額
6	1	前月繰越	5	10	50				5	10	50
	3	仕　　入	20	15	300				25	(14)	350
	10	売　　上				10	(14)	140	15	14	210
	12	売上戻り	2	(14)	28				17	14	238

❶ @14円の商品10個を売り上げたとして記入

❸ @14円の商品2個が戻ってきたとして記入

❹ 2個が戻ってきたので、在庫は15個＋2個＝17個

なお、月末の締め切りは先入先出法の場合と同様です。

商 品 有 高 帳　　　　　　　　（移動平均法）

日付		摘 要	受 入			払 出			残 高		
			数量	単価	金額	数量	単価	金額	数量	単価	金額
6	1	前月繰越	5	10	50				5	10	50
	3	仕　　入	20	15	300				25	14	350
	10	売　　上				10	14	140	15	14	210
	12	売上戻り	2	14	28				17	14	238
	30	次月繰越				17	14	238			
			❷27	－	378	27	－	378			
7	1	前月繰越	❸17	14	238				17	14	238

❶ 月末の残高欄のデータを払出欄にも「次月繰越」として赤字(試験では黒字)で記入

❷ 受入欄と払出欄の数量・金額を一致させて締め切る

❸ 月末の残高欄のデータ(❶)を「前月繰越」として受入欄に記入

☆「売掛金元帳と買掛金元帳」…その前に。

ケンコー屋の早起です。
今日も一日がんばろー！

新鮮でおいしい野菜や果物を

複数の仕入先から仕入れています。
いいだこ屋
おきらく屋
百果店

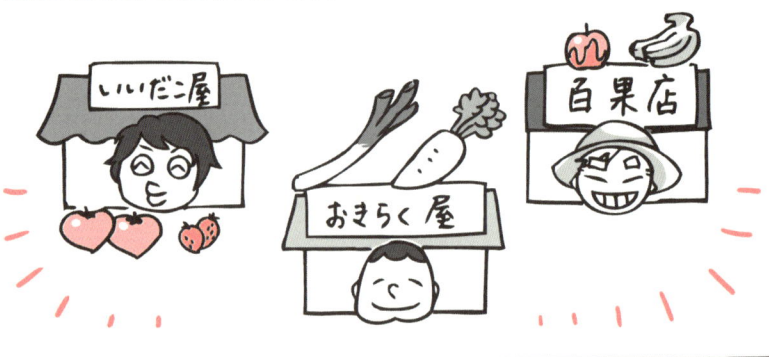

レストランやカフェなどにも売り上げています（こちらは掛けです）。
ケンコーさんの野菜はサイコーデース
ビストロ イタメシ屋
カフェ ロンド
バー夜会
そうねえ
ですなー
みなさんありがとう！

仕入れた商品は一般のお客さまはもちろん
まいどー

でも、掛け取引が増えるにつれ買掛金や…

じゃあイタメシ屋さんとこは…

アタシは知らないってば！

奥さ〜ん いだごさんとこ掛けどれだけあるっけ？

知らないわよ〜

売掛金の管理をしっかりしなければならないことを痛感。

もー お金の管理くらいちゃんとやりなよね！

お茶いれよっと

プイッ

ごもっともだけどちょっとムッ

ちぇー 完璧にやってやる！

簿記の本

調べてみたところ…

売掛金元帳と買掛金元帳というのをみつけました。

あ！これかも!!

売掛金元帳 買掛金元帳

売掛金元帳と買掛金元帳とはどんなものかみてみましょう

27 売掛金元帳と買掛金元帳

得意先、仕入先ごとに売掛金、買掛金の状況を管理する帳簿

得意先別に売掛金の増加、減少を記入する帳簿を**売掛金元帳**、
仕入先別に買掛金の増加、減少を記入する帳簿を**買掛金元帳**
といい、いずれも**補助簿**に分類されます。
また、
売掛金元帳は**得意先元帳**、買掛金元帳は**仕入先元帳**ともいいます。

売掛金元帳も買掛金元帳も、
🅐 **得意先または仕入先ごとに作成すること**、
🅑 **月末に帳簿を締め切るとき、月末残高を**
   売掛金なら貸方（ し ）に、買掛金なら借方（ り ）に
   「次月繰越」として赤字で記入して、
   月末の借方合計と貸方合計を一致させること
に注目しましょう。

試験では黒字で記入してください。

次の仕訳帳の記入から売掛金元帳と買掛金元帳を作成すると
以下のとおりです。

仕　訳　帳　　　　　　　　　　　　　1

平成×1年		摘　　　　要	元丁	借　方	貸　方
9	2	（現　　　金）		500	
		（売　掛　金）	❶		500
		イタメシ屋より売掛金回収			
	6	（売　掛　金）	❷	1,500	
		（売　　　上）			1,500
		イタメシ屋へ売上げ			
	8	（売　　　上）		300	
		（売　掛　金）	❸		300
		イタメシ屋より返品			

↓

売　掛　金　元　帳
イタメシ屋

Ⓐ 得意先ごとに作成

Ⓑ 売掛金は借方の科目なので、通常、借方残高となるだから「借」と記入

平成×1年		摘　要	借　方	貸　方	借／貸	残　高
9	1	前 月 繰 越	＋　1,000		借	1,000
	2	入　　　金		－ ❶ 500	〃	500
	6	売　　　上	＋ ❷ 1,500		〃	2,000
	8	返　　　品		－ ❸ 300	〃	1,700
	30	次 月 繰 越		1,700		
			2,500 ←一致→ 2,500			
10	1	前 月 繰 越	1,700		借	1,700

Ⓑ 月末残高を貸方欄に「次月繰越」として赤字（試験では黒字）で記入

27　売掛金元帳と買掛金元帳

7章　帳簿

仕　訳　帳　　　　　　　　　1

平成×1年		摘　　　要	元丁	借　方	貸　方
9	10	（仕　　入）		1,000	
		（買　掛　金）	❹		1,000
		いいだこ屋より仕入れ			
	11	（買　掛　金）	❺	200	
		（仕　　入）			200
		いいだこ屋へ返品			
	25	（買　掛　金）	❻	400	
		（当　座　預　金）			400
		いいだこ屋の買掛金支払い			

↓

買　掛　金　元　帳
いいだこ屋

Ⓐ 仕入先ごとに作成

買掛金は貸方の科目なので、通常、貸方残高となるだから「貸」と記入

平成×1年		摘　要	借　方	貸　方	借／貸	残　高
9	1	前月繰越		＋ 500	貸	500
	10	仕　入		＋ ❹ 1,000	〃	1,500
	11	返　品	− ❺ 200		〃	1,300
	25	支　払　い	− ❻ 400		〃	900
	30	次月繰越	900			
			1,500	1,500		
10	1	前月繰越		900	貸	900

一致

Ⓑ 月末残高を借方欄に「次月繰越」として赤字（試験では黒字）で記入

ここでサクトレ基本問題 30 ～ 38 を解きましょう！

☆「帳簿」…そのあとに。

帳簿について
ひととおり学習した
あなたにおくる

簿記クイズ☆

次の補助簿を用いているとき
第1問から第5問の取引は
①から⑧のどの帳簿に
記入されるか答えてください

補助簿

① 当座預金出納帳　　⑤ 仕入帳
② 受取手形記入帳　　⑥ 商品有高帳
③ 支払手形記入帳　　⑦ 売掛金元帳
④ 売上帳　　　　　　⑧ 買掛金元帳

第1問

商品1,000円を仕入れ、代金は掛けとした。

仕訳は…

（借）仕　入　1,000　　（貸）買掛金　1,000

でも、それだけじゃないんです！

仕訳から
⑤仕入帳と⑧買掛金元帳
ということは
わかりますよね

商品を仕入れるということは
モノ（商品）が移動するので

⑥商品有高帳にも記入するんです！

ポイント！

だから第1問の答えは…

⑤仕入帳
⑥商品有高帳
⑧買掛金元帳

です！

次いきましょう！

第2問
商品2,000円を売り上げ代金は掛けとした。

仕訳

（借）売掛金 2,000　（貸）売　上 2,000

第2問の答えは…

④売上帳
⑥商品有高帳
⑦売掛金元帳

第1問と同様に考えて！

これはどうでしょう

第3問
さきに掛けで仕入れた商品のうち200円を返品した。

仕訳

（借）買掛金 200　（貸）仕　入 200

仕訳から
⑤仕入帳と
⑧買掛金元帳を選択…
これはいいですね

そして 返品ということは
やっぱりモノ（商品）が移動するので
⑥商品有高帳にも記入します！

だから 第3問の答えは…

⑤仕入帳
⑥商品有高帳
⑧買掛金元帳

では次

第4問
さきに掛けで売り上げた商品のうち300円が返品された。

仕訳

（借）売　上　300　（貸）売掛金　300

答えは…

④売上帳
⑥商品有高帳
⑦売掛金元帳

第3問と同様に考えて！

第5問
さきに掛けで仕入れた商品のうち100円について値引きを受けた。

仕訳

（借）買掛金　100　（貸）仕　入　100

仕訳から
⑤仕入帳と
⑧買掛金元帳
を選択…
これはわかりますね

では、これはいかが？

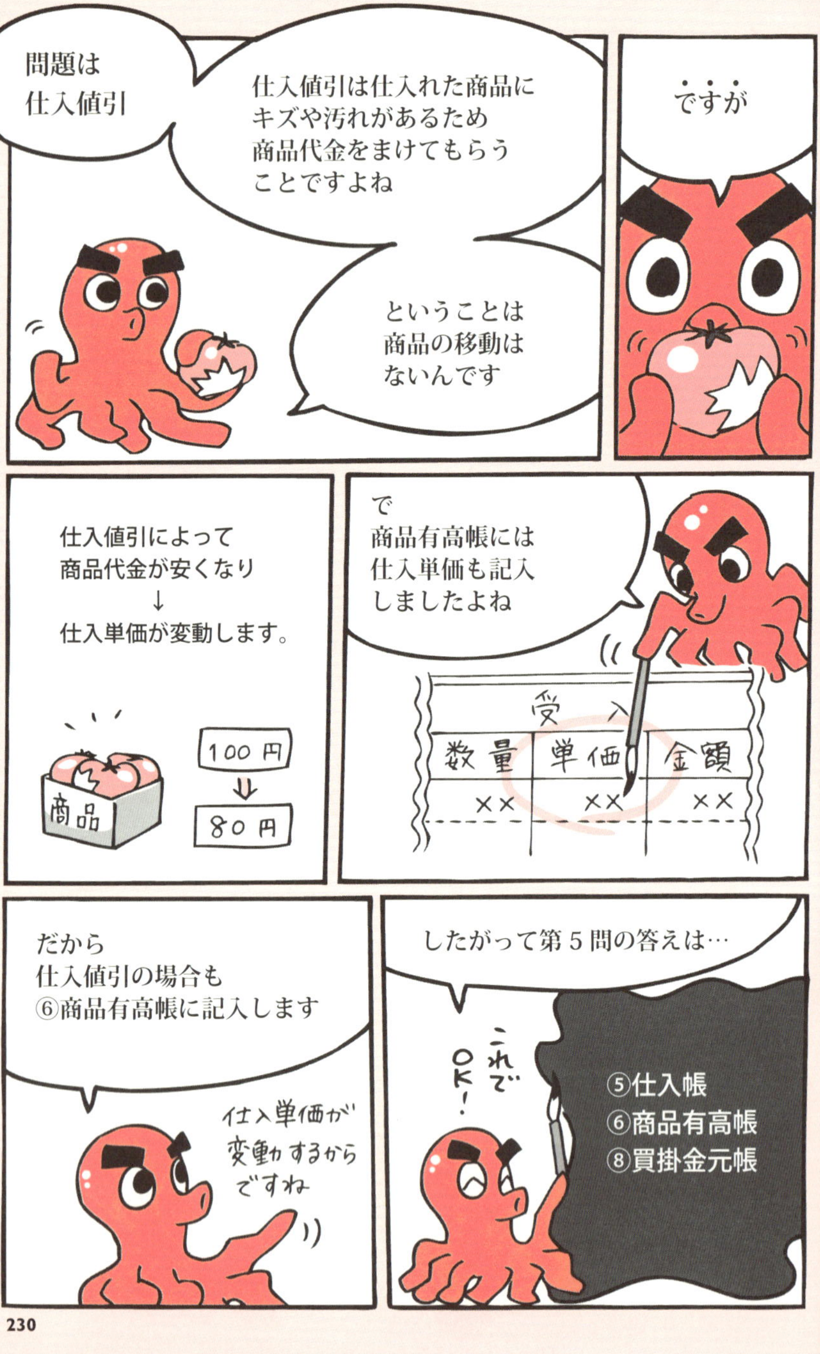
問題は
仕入値引
仕入値引は仕入れた商品に
キズや汚れがあるため
商品代金をまけてもらう
ことですよね
ということは
商品の移動は
ないんです
・・・ですが
仕入値引によって
商品代金が安くなり
↓
仕入単価が変動します。
商品
100円
80円
で
商品有高帳には
仕入単価も記入
しましたよね
受入
数量
単価
金額
××
××
××
だから
仕入値引の場合も
⑥商品有高帳に記入します
仕入単価が
変動するから
ですね
したがって第５問の答えは…
これでOK!
⑤仕入帳
⑥商品有高帳
⑧買掛金元帳

あ、じゃあ売上値引も同じ?

どーも早起です!

と思いきや違うんです!

…

売上値引は

売上金額の値引き
…売価の修正なんです

タオルかります

トマト ~~120~~ 円
トマト 100円 キズあり

つまり
仕入単価の変動はナシ

仕入時 100円
商品

当然、商品の移動もありません。

売上時
トマト ~~120円~~ 100円 ダイセス
値引!

商品有高帳

・・・

だから 商品有高帳への記入はないんです

3級ではこのように取引から補助簿を選択させる問題が出題されることもあります

このような問題は仕訳を考えて…

(借) 仕入 ×× (貸) 買掛金 ××

そして 仕訳で「仕入」と「売上」が出てきたら基本的に商品有高帳も選択します

仕訳の勘定科目からわかる補助簿を選択します

コレとコレね！
⑤ 仕入帳
︙
⑧ 買掛金元帳

ペタッ
⑥ 商品有高帳
︙

でも「売上」が出てきても売上値引の場合には商品有高帳への記入はありません

ベリッ
☆⑥ 商品有高帳
︙
だから選択しません！

こんな感じで問題を解いてみてくださいね！

8章

伝票と試算表
〜仕訳帳の代わりになる伝票…〜

＊＊＊こんなことを学習します＊＊＊

・伝票の記入方法
・試算表の種類と作成方法

☆「伝票」…その前に。

あとさ〜

まだ何か…？

何かいい方法がないか調べてみるから

だからこれ見てよ

ぴらっ

うちって現金取引が多いのよね〜

ケンコー屋　現金売上　1,000円　お客さまたち

そーねー

4/10 (借)現金　10,000　　(貸)売上　10,000
4/12 (借)消耗品　1,000　　(貸)現金　1,000
4/13 (借)現金　4,000　　(貸)売上　4,000
4/14 (借)現金　2,000　　(貸)売上　…

わっ「現金」ばっかり…

"現金"
"現金"
"現金"
"現金"
"現金"
"現金"…
あっ これも "現金"
あれも "現金"
げんきん…
きゅう…
簿記 げんきん
…っていちいち"現金"って書くのがメンドクサイ！
お金はいっぱいあったほうがいいけど、文字は書きたくない！
だから、そこらへんも何とかならないかしらね
調べてみるよ
調べるのもメンドクサイ→
さっそく調べてみたところ…
インターネットとか
カチ カチ
すみませーん ダイコンください
はーい
簿記入門
本とか
あと タマネギ…
おおっ
簿記入門

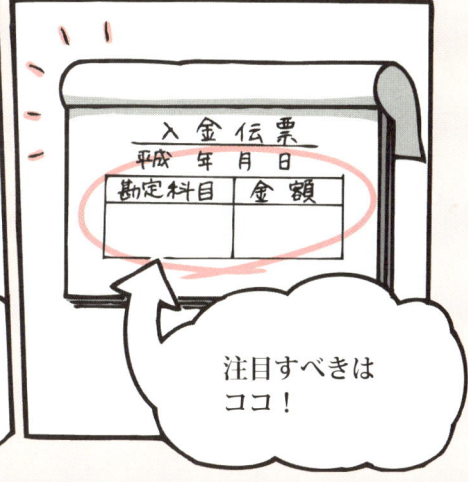

これだー！！

伝票を使って記帳の手間を省こう！

さっそく伝票を購入！

ケンコー屋

ありがとうございました

ドーモ

奥さん！奥さん！

タタタ

←かってきた

ジャーン！！

入金伝票　出金伝票　振替伝票

ファン

なにコレ？

これみてこれみて

もー　お客さんほったらかして何してんのよ！

ごめん

伝票

まずは入金伝票

よくぞきいてくれました！

入金伝票

これには入金取引を記入します
借方「現金」の取引ね！

ムムム

入金伝票
平成　年　月　日
勘定科目	金額

注目すべきはココ！

入金伝票には入金取引を記入する

これであなたも"現金"地獄から脱出！

現金売上ならこう！

入　金　伝　票	
平成　年　月　日	
勘定科目	金額
売　上	10,000

フーム

つまり 借方「現金」と決まっているので相手科目（と金額）だけ書けばいいのです！

つづいて出金伝票　これには

出　金　伝　票

現金仕入ならこう

出　金　伝　票	
平成　年　月　日	
勘定科目	金額
仕　入	8,000

ほうほう

出金取引 つまり貸方「現金」となる取引を記入します

最後に振替伝票ですが　これには

振　替　伝　票

入金伝票　出金伝票のいずれにも記入しなかった取引を記入します

これはフツーの仕訳の形でね

後払い

備品の購入ならこう！

振　替　伝　票			
平成　年　月　日			
借方科目	金額	貸方科目	金額
備品	200,000	未払金	200,000

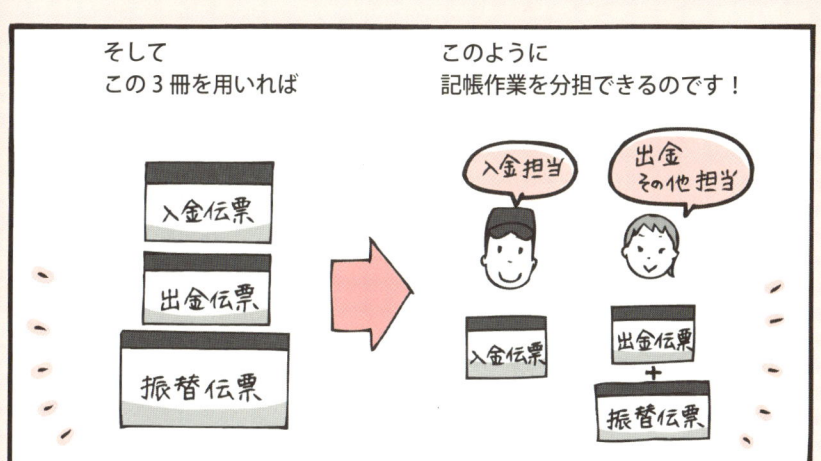

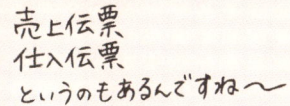

そして
この3冊を用いれば

このように
記帳作業を分担できるのです！

入金伝票
出金伝票
振替伝票

→

入金担当　出金その他担当

入金伝票　出金伝票＋振替伝票

すごーい！
パチパチパチ
お気に召しましたかマダム？

でもさ〜

掛け売上・掛け仕入も
けっこうあるんだよね〜
なんとかならない？

さくっ
あはは

なるよ、なるけどさ
なぜ もっと早く
いわないの？
ごめん

売上伝票
仕入伝票
というのもあるんですね〜

これらに
ついては
本文で！

28 伝票

仕訳帳の代わりをするのが伝票

これまで取引が発生したら、仕訳帳に仕訳すると学習しました。
しかし、仕訳帳は1冊のノートのようなものなので、
取引量が多くなっても、数人で分けて記入することはできません。

そこで、**仕訳帳の代わりに1枚の紙に取引を記入する**
という方法がとられることがあります。
このときに用いる紙片を**伝票**といいます。

→ 伝票は仕訳帳の代わりに用いるので、伝票に記入した取引は仕訳帳に記入する必要はありません。

伝票の種類には、
入金伝票、出金伝票、売上伝票、仕入伝票、振替伝票の
5つがあります。
このうち、
入金伝票、出金伝票、振替伝票の3つの伝票を
用いて記入する方法を**3伝票制**といい、
すべての伝票を用いて記入する方法を**5伝票制**といいます。

まずは3伝票制からみていきましょう。

3伝票制は入金・出金・振替の3つ

3伝票制は、**入金伝票、出金伝票、振替伝票**
の3つの伝票を用います。

入金伝票には、入金取引、
つまり「借方か・現金」となる取引を記入します。
なお、入金伝票の借方（か）は現金と決まっているので、
入金伝票には仕訳の貸方（し）科目と金額だけを記入します。

たとえば、
4/8　商品10,000円を売り上げ、代金は現金で受け取った
という場合の入金伝票の記入は次のようになります。

●仕訳だと…

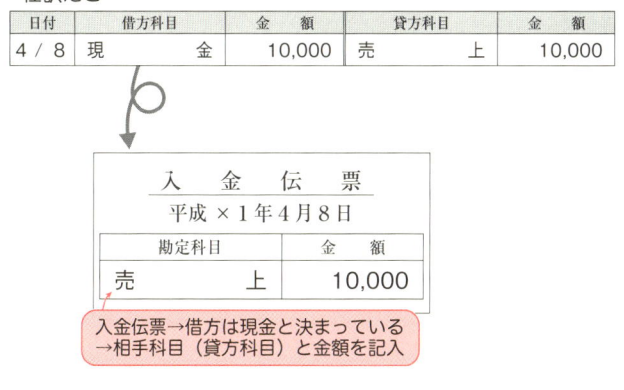

日付	借方科目	金　額	貸方科目	金　額
4/8	現　　　　金	10,000	売　　　　上	10,000

```
　　　　入　金　伝　票
　　　　平成×1年4月8日
　勘定科目　　　　　金　額
　売　　　　上　　　10,000
```

入金伝票→借方は現金と決まっている
→相手科目（貸方科目）と金額を記入

8章　伝票と試算表

また、**出金伝票には、出金取引**、
つまり「**貸方(し)・現金**」**となる取引を記入**します。
なお、出金伝票の貸方（し）は現金と決まっているので、
出金伝票には仕訳の借方（り）科目と金額だけを記入します。

たとえば、
4/10　商品8,000円を仕入れ、代金は現金で支払った
という場合の出金伝票の記入は次のようになります。

●仕訳だと…

日付	借方科目	金　額	貸方科目	金　額
4/10	仕　　　　　入	8,000	現　　　　　金	8,000

```
       出　金　伝　票
        平成×1年4月10日
   ┌──────────┬────────┐
   │　勘定科目　│　金　額　│
   ├──────────┼────────┤
   │仕　　　　入│　8,000  │
   └──────────┴────────┘
```

出金伝票→貸方は現金と決まっている
→相手科目（借方科目）と金額を記入

そして、入金取引にも出金取引にも該当しない取引については、
振替伝票に記入します。

たとえば、
4/12　備品200,000円を購入し、代金は月末払いとした
という場合の振替伝票の記入は次のようになります。

●仕訳だと…

日付	借方科目	金　額	貸方科目	金　額
4/12	備　　　品	200,000	未　払　金	200,000

振 替 伝 票
平成 ×1年4月12日

借方科目	金　額	貸方科目	金　額
備　　　品	200,000	未　払　金	200,000

いつもの仕訳の形で記入

2種類の伝票にまたがって記入する取引の場合は2つの記入方法がある！

現金取引とそれ以外の取引が混在している取引の場合、
入金伝票（または出金伝票）と振替伝票の2つに記入しますが、
このときの記入の方法には2とおりあります。

たとえば、

商品 10,000 円を売り上げ、代金のうち 2,000 円は現金で受け取り、残額は掛けとした

という取引の場合、仕訳は次のようになりますよね？

借方科目	金　額	貸方科目	金　額
現　　　金	2,000	売　　　上	10,000
売　掛　金	8,000		

この取引を伝票（3伝票制）に記入してみましょう。

8章 伝票と試算表

まず、1つ目の記入方法です。

1つ目の記入方法は、
現金取引とその他の取引に分解して記入する方法です。
したがって、さきほどの取引では、
「❶ 現金売上 2,000 円」と「❷ 掛け売上 8,000 円」の2つの
取引に分解して、**入金伝票**と**振替伝票**に記入します。

借方科目	金　額	貸方科目	金　額
現　　　　金	2,000	売　　　　上	10,000
売　掛　金	8,000		

❶ 現金売上 2,000 円

借方科目	金　額	貸方科目	金　額
現　　　　金	2,000	売　　　　上	2,000

＋

❷ 掛け売上 8,000 円

借方科目	金　額	貸方科目	金　額
売　掛　金	8,000	売　　　　上	8,000

❶ 現金売上 2,000 円

入　金　伝　票
平成 × 1 年 × 月 × 日

勘定科目	金　額
売　　　　上	2,000

❷ 掛け売上 8,000 円

振　替　伝　票
平成 × 1 年 × 月 × 日

借方科目	金　額	貸方科目	金　額
売　掛　金	8,000	売　　　　上	8,000

2つ目の記入方法は、10,000円を掛けで売り上げたあと、すぐに売掛金2,000円を現金で回収したというように、**いったん掛け取引を行ったものとみなして記入する方法**です。したがって、さきほどの取引では、
「❶ 掛け売上10,000円」という取引のあと、
「❷ 売掛金2,000円を現金で回収した」という取引があったものとして**振替伝票**と**入金伝票**に記入します。

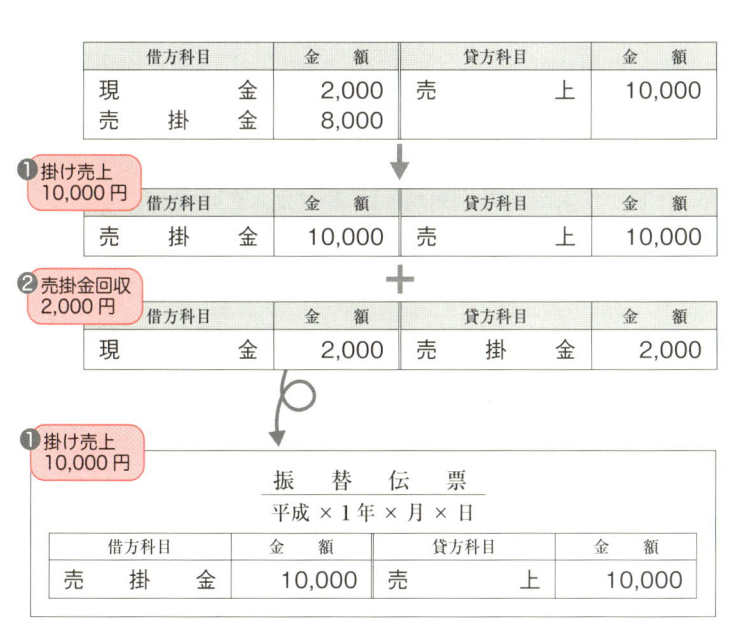

借方科目	金　額	貸方科目	金　額
現　　　　金	2,000	売　　　　上	10,000
売　　掛　　金	8,000		

❶ 掛け売上 10,000円

借方科目	金　額	貸方科目	金　額
売　　掛　　金	10,000	売　　　　上	10,000

＋

❷ 売掛金回収 2,000円

借方科目	金　額	貸方科目	金　額
現　　　　金	2,000	売　　掛　　金	2,000

❶ 掛け売上 10,000円

振　替　伝　票
平成 ×1年 × 月 × 日

借方科目	金　額	貸方科目	金　額
売　　掛　　金	10,000	売　　　　上	10,000

❷ 売掛金回収 2,000円

入　金　伝　票
平成 ×1年 × 月 × 日

勘定科目	金　額
売　　掛　　金	2,000

8章　伝票と試算表

> **5伝票制は入金・出金・売上・仕入・振替の5つ**

5伝票制は
入金伝票、出金伝票、売上伝票、仕入伝票、振替伝票
の5つの伝票を用います。

入金伝票には入金取引を、**出金伝票には出金取引**を記入する点は、
3伝票制と同じです。
また、**売上伝票には売上げに関する取引**を、
仕入伝票には仕入れに関する取引を記入しますが、
売上伝票と仕入伝票は、掛け売上・掛け仕入を前提としている
という点に注意しましょう。

売 上 伝 票	
平成×1年×月×日	
勘定科目	金　額
売　掛　金	10,000

仕 入 伝 票	
平成×1年×月×日	
勘定科目	金　額
買　掛　金	8,000

はじめから記入済み

上記の売上伝票は、
商品 10,000 円を掛けで売り上げた
という掛け売上の場合の記入ですが、仮に
商品 10,000 円を現金で売り上げた
という現金売上の場合は、
いったん掛けで売り上げて（❶）から、

すぐに売掛金を現金で回収した（❷）として
売上伝票と入金伝票に記入します。

借方科目	金　額	貸方科目	金　額
現　　　金	10,000	売　　　上	10,000

❶ 掛け売上 10,000円

借方科目	金　額	貸方科目	金　額
売　掛　金	10,000	売　　　上	10,000

❷ 売掛金回収 10,000円

借方科目	金　額	貸方科目	金　額
現　　　金	10,000	売　掛　金	10,000

❶ 掛け売上 10,000円

売　上　伝　票	
平成 ×1年 ×月 ×日	
勘定科目	金　額
売　掛　金	10,000

❷ 売掛金回収 10,000円

入　金　伝　票	
平成 ×1年 ×月 ×日	
勘定科目	金　額
売　掛　金	10,000

なお、5伝票制の場合の**振替伝票**には、
入金取引、出金取引、売上取引、仕入取引の
いずれにも該当しない取引を記入します。
これは3伝票制の場合と同じですね。

☆「試算表」…その前に。

経理担当の水田（みずた）です。
"すいでん"ではありませんよ

私、幼いころからミスが多くて…
中学の家庭科でパジャマを縫って首まわりまで縫ってたり…
キャー!!
高校のテストで解答を1段ずつズラして書いちゃったり…
どひゃ〜!!

ついたアダ名が
ミス・ミス田

会社はいま、決算前でみなさん大忙し！
この件A社に問いあわせて
ハイ！

このあとの決算とやらでは私がつけていた帳簿をもとに決算手続きをするそうですが…
いっぱい書いたなぁ
帳簿

仕訳や転記を間違えていないという自信がありません…
そもそもこれまでにミスがなかったことがあろーか
いや、ない
帳簿

転記とか間違っていたら大変ですよね〜

隣の席の山田さん

そりゃ決算のとき大変なことになるよね

たとえば…

だれだーまちがえたヤツは！出てこい！！

部長

帳簿 by水田

役立たず！！

ごめんなさい〜

帳簿

とかなったりして

ははは

サー…

あ、あれ?!

ごっごめん ごめん
大丈夫だから

そんなに気にするとは…

どーせ私は ミス・ミス田
でも 私のまちがいで
みなさんに ごめいわくを
おかけするのは
忍びない…

シク シク

イヤ大丈夫だって

正しく処理してるかもしれないけど…

それに
試算表ってのをつくれば
転記が正しいかどうか
たしかめられるからさ

しさんひょう？

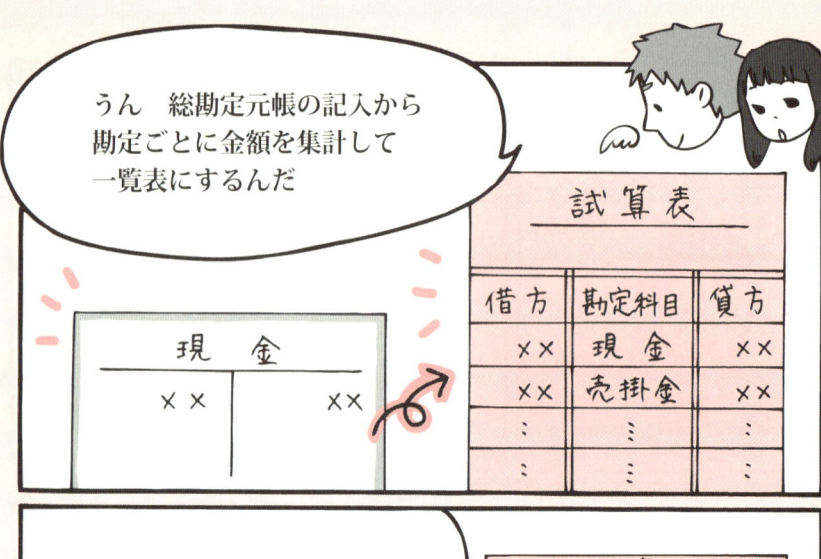

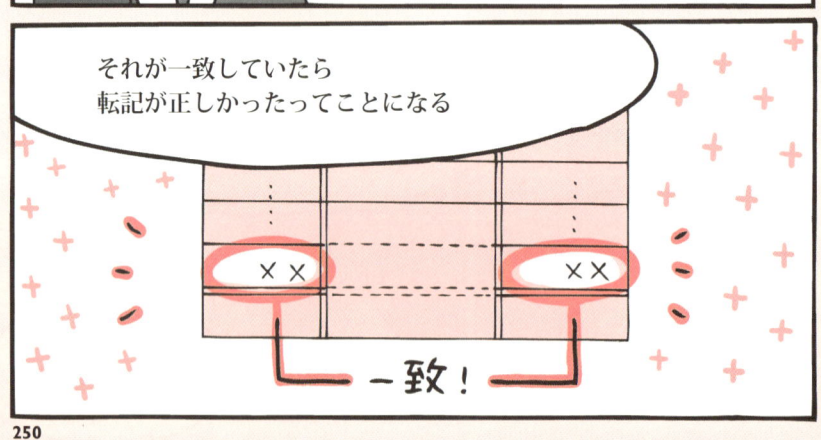

うん 総勘定元帳の記入から勘定ごとに金額を集計して一覧表にするんだ

借方	勘定科目	貸方
××	現金	××
××	売掛金	××
⋮	⋮	⋮
⋮	⋮	⋮

で 最後に借方の合計額と貸方の合計額を計算して…

借方	勘定科目	貸方
××	現金	××
××	売掛金	××
⋮	⋮	⋮
××	合計	××

それが一致していたら転記が正しかったってことになる

×× 　 ×× ← 一致！

決算のときだけじゃなく
月次でつくっておくと
早めにミスが発見できるよね？

ぱぁああ

「しさんひょう」
すばらしいです！

特に私のような
人間にとっては…

単純だなあ

はっ はい！

山田さん！

すぐつくりましょう
その「しさんひょう」とやらを

さあ、教えてくださいな！

ではいきますよ〜

29 試算表

> 勘定記入が正しいかを確認する表が試算表！

取引があったら仕訳帳や伝票に記入し、
総勘定元帳に転記することは学習しました。

このあと9章で、損益計算書や貸借対照表を作成するのですが、
仕訳や転記が正しく行われていなかったら、
損益計算書や貸借対照表が間違ったものになってしまいます。

そこで、転記（勘定記入）が正しくされていたかどうか
を確認するために、**試算表**という表を作成します。

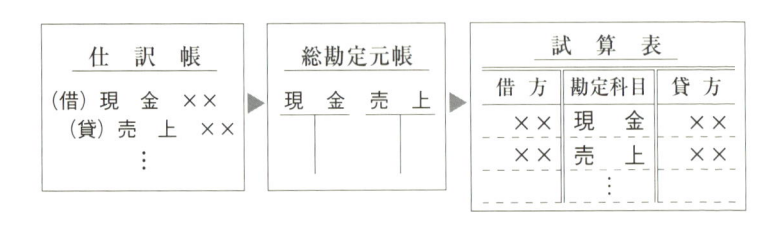

仕　訳　帳
（借）現 金 ××
（貸）売 上 ××
：

総勘定元帳	
現　金	売　上

試　算　表		
借　方	勘定科目	貸　方
××	現　金	××
××	売　上	××
：		

試算表には、**合計試算表、残高試算表、合計残高試算表**
の3つの種類があります。

まずは、合計試算表からみてみましょう。

> 各勘定の借方合計と貸方合計を
> 記入するのが合計試算表！

合計試算表には、総勘定元帳の各勘定の借方・貸方
それぞれの合計額を集計します。

たとえば、次のような総勘定元帳（略式）の記入があった場合の、
合計試算表は以下のようになります。

	現	金	
4/ 1	450	4/27	250
4/ 3	400	4/28	230
4/25	320		

借方合計 1,170円　貸方合計 480円

	売	掛	金	
4/ 1	200	4/25	320
4/22	300		

借方合計 500円　貸方合計 320円

	買	掛	金	
4/ 9	50	4/ 1	350
4/28	230	4/ 8	200

借方合計 280円　貸方合計 550円

	資	本	金
		4/ 1	300

借方合計 0円　貸方合計 300円

	売	上	
		4/ 3	400
		4/22	300

借方合計 0円　貸方合計 700円

	仕	入	
4/ 8	200	4/ 9	50
4/27	250		

借方合計 450円　貸方合計 50円

↓

8章　伝票と試算表

合 計 試 算 表

借方合計	勘 定 科 目	貸方合計
1,170	現　　　　金	480
500	売　掛　金	320
280	買　掛　金	550
	資　本　金	300
	売　　　　上	700
450	仕　　　　入	50
2,400		2,400

> 合計が一致しなかったら、仕訳または転記に間違いがある、ということになります

各勘定の残高のみを借方または貸方に記入するのが残高試算表！

つづいて残高試算表です。

残高試算表には、総勘定元帳の各勘定の残高のみを借方または貸方に集計します。

さきほどの、総勘定元帳（略式）から
残高試算表を作成すると以下のようになります。

```
        現        金                                売   掛   金
4/ 1    450  4/27    250              4/ 1    200  4/25    320
4/ 3    400  4/28    230              4/22    300
4/25    320
```

借方合計 1,170円 → 残高 690円 → 貸方合計 480円

借方合計 500円 → 残高 180円 → 貸方合計 320円

```
        買   掛   金                              資     本     金
4/ 9     50  4/ 1    350                              4/ 1    300
4/28    230  4/ 8    200
```

借方合計 280円 → 残高 270円 → 貸方合計 550円

借方合計 0円 → 残高 300円 → 貸方合計 300円

```
        売        上                                 仕         入
             4/ 3    400              4/ 8    200  4/ 9     50
             4/22    300              4/27    250
```

借方合計 0円 → 残高 700円 → 貸方合計 700円

借方合計 450円 → 残高 400円 → 貸方合計 50円

残高のみを借方または貸方に記入します

残 高 試 算 表

借方残高	勘 定 科 目	貸方残高
690	現　　　　金	
180	売　掛　　金	
	買　掛　　金	270
	資　本　　金	300
	売　　　　上	700
400	仕　　　　入	
1,270		1,270

合計が一致しなかったら、仕訳または転記に間違いがある、ということになります

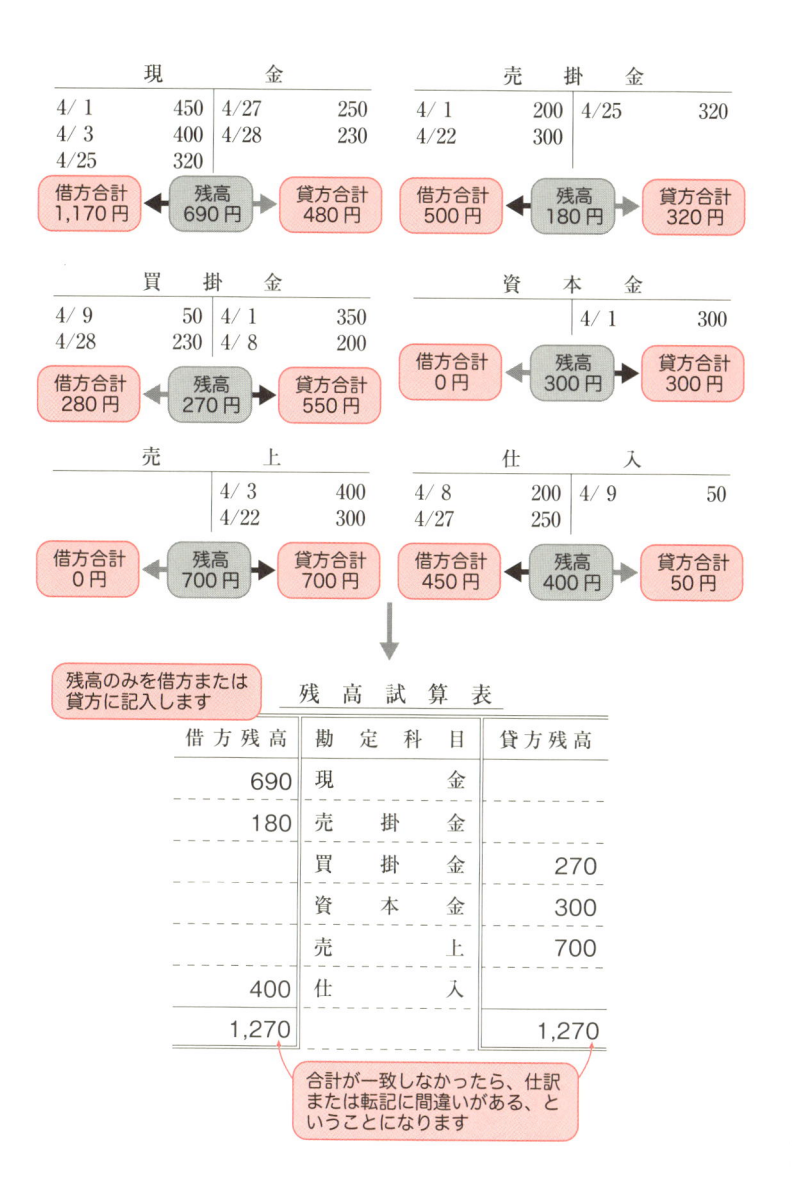

8章　伝票と試算表

> 各勘定の合計額も残高も記入するのが合計残高試算表!

最後は合計残高試算表です。

合計残高試算表には、

各勘定の借方・貸方の合計額と残高の両方を集計します。

合 計 残 高 試 算 表

借方残高	借方合計	勘 定 科 目	貸方合計	貸方残高
690	1,170	現 金	480	
180	500	売 掛 金	320	
	280	買 掛 金	550	270
		資 本 金	300	300
		売 上	700	700
400	450	仕 入	50	
1,270	2,400		2,400	1,270

「合計試算表と残高試算表をあわせただけだね!」

以上で伝票と試算表はおしまいです。

試算表の作成は、試験でよく出題されるので、
受験する方は問題(サクトレ)をしっかり解いておきましょう。

> ここでサクトレ基本問題39〜44を解きましょう!

9章

決算手続き
～1年の締めくくり！～

* * * こんなことを学習します * * *

・決算の流れ
・決算整理事項（8つ）
・精算表の作成
・損益計算書と貸借対照表の作成
・帳簿の締め切り

30 決算の流れ

1年の締め日を決算日という

お店や会社は日々の取引を記録し、
年に1回、資産や負債がいくらあるのか（財政状態）、
今年どれだけ儲けたか（経営成績）を明らかにします。

この財政状態や経営成績を明らかにするための手続きを
決算といいます。
これから決算について学習しますが、
その前にちょっと用語を確認しておきましょう。

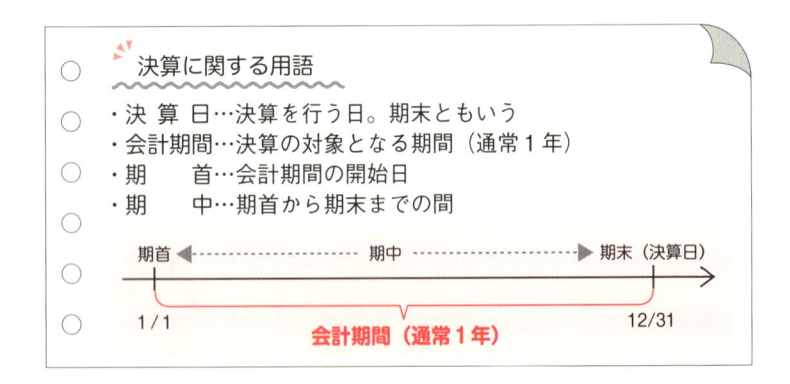

　　決算に関する用語

・決 算 日…決算を行う日。期末ともいう
・会計期間…決算の対象となる期間（通常1年）
・期　　首…会計期間の開始日
・期　　中…期首から期末までの間

```
期首 ◀----------- 期中 -----------▶ 期末（決算日）
1/1                                    12/31
      └──────会計期間（通常1年）──────┘
```

ちなみに会計期間は必ずしも 1 月 1 日から 12 月 31 日までの
1 年ではないため、簿記では「今年」とか「去年」とはいわず、
いまの会計期間を「当期」、前の会計期間を「前期」、
次の会計期間を「次期(翌期)」といいます。

> ### 軽く決算の流れをみておくと…

決算は、期中の記録をもとにして行います。
そこで、まずは期中の記録から**試算表**を作成し、
仕訳や転記が正しかったかを確認する
とともに、決算の準備をします。

決算の流れ①
試算表を
作成しよう!

試算表に記載された金額の中には、
財政状態や経営成績を正しくあらわすために、
修正が必要なものがあります。

決算の流れ②
多少、金額の
修正が必要だ!
決算整理
をしよう!

たとえば、商品を仕入れたとき、
仕入(費用)を計上しましたよね?
でも、期末に商品が売れ残っているにもかかわらず、
費用で計上するのって変だと思いませんか?
そこに商品というモノが残っているのだったら、
建物や備品と同様に、資産として扱うべきですよね。

だから、期末に商品が残っていたら、
仕入(費用)から資産の勘定科目に

30 決算の流れ

9 章 決算手続き

振り替える必要があるんです。

→ある勘定科目からほかの勘定科目に変更すること。

このように、
財政状態や経営成績を正しくあらわすために、
決算において行う修正を**決算整理**といいます。

なお、3級で学習する主な決算整理事項は次のとおりですが、
一つひとつについてはあとで詳しく説明します。

3級で学習する主な決算整理事項

1. 現金過不足の処理　簡単！
2. 貸倒引当金の設定　ちょっと難しいカモ
3. 消耗品の処理　慣れれば簡単！
4. 有価証券の評価替え　簡単！
5. 固定資産の減価償却　ちょっと難しいカモ
6. 引出金の処理　簡単！
7. 売上原価の算定　苦手な人が多い
8. 費用と収益の繰延べ、見越し　苦手な人が多い

次に、試算表と決算整理をもとにして
貸借対照表と損益計算書を作成しますが、
決算を正確に行うために**精算表**という表を
作成します。

> 決算の流れ③
> 精算表を作成しておこう！

なお、精算表とは、
試算表から決算整理を行って、
貸借対照表と損益計算書を作成する過程
をまとめた表のことをいいます。

そして、精算表をもとに、
貸借対照表と損益計算書を作成します。

> 決算の流れ④
> 精算表から
> 貸借対照表と
> 損益計算書を
> 作成しよう！

最後に、次期の帳簿記入にそなえて
帳簿を締め切ります。

> 決算の流れ⑤
> 次期にそなえて…
> 帳簿を
> 締め切ろう！

決算の流れはこんな感じです。
なお、試算表の作成は8章で学習したので、
次ページからは、決算整理以降をみていきます。

31 現金過不足の処理
― 決算整理事項① ―

> 最後まで判明しない現金過不足は「雑損（費用）」か「雑益（収益）」で処理する

決算整理事項の1つ目は**現金過不足の処理**です。

現金の実際残高と帳簿残高が異なっていた場合、
その原因が判明するまで現金過不足として処理し、
原因が判明したら、その勘定科目に振り替える
ことは2章で学習しましたね。

期中に現金過不足の原因が判明すればよいのですが、
決算になっても原因が判明しない場合があります。
このような場合には、
**現金過不足の残高を
雑損（費用）または雑益（収益）に振り替えます。**

振り替え方は簡単で、
現金過不足が借方（り）に残っていたら、
「現金過不足」を逆側の貸方（し）に記入します。

借方科目	金　額	貸方科目	金　額
		▶現 金 過 不 足◀	××

そうすると、借方（**り**）が空欄になりますよね。
だから、借方（**り**）には**費用の勘定科目である「雑損」を記入**。

借方科目	金　額	貸方科目	金　額
▶雑　　　　　損◀	費用 ××	現 金 過 不 足	××

同様に、**現金過不足が貸方（し）に残っていたら**、
現金過不足を**逆側の借方（り）に記入**し、

借方科目	金　額	貸方科目	金　額
▶現 金 過 不 足◀	××		

貸方（**し**）には**収益の勘定科目である「雑益」を記入**。

借方科目	金　額	貸方科目	金　額
現 金 過 不 足	××	▶雑　　　　　益◀	収益 ××

これだけです。では、現金過不足の処理をしてみましょう。

例 9-1　現金過不足 50 円（借方残高）の原因は不明である。

●現金過不足の処理

借方科目	金　額	貸方科目	金　額
雑　　　　　損	50	現 金 過 不 足	50

② 借方が空欄
　→雑損（費用）

① 借方の現金過不足
　→貸方に記入

9章　決算手続き

☆「貸倒引当金の設定」…その前に。

ここで学んだことは…

あきらめるしかありません
（もちろん回収すべく
　いろんな手段はこころみますが）

ここは大丈夫かな？

売掛金（や受取手形）が
回収できなくなる可能性が
あるってこと。

これらも　アブないよね

これにそなえて心の準備と

会計処理をすることにしました。

ほほう

貸倒引当金ね〜

では、
「貸倒引当金の設定」
について
みてみましょう

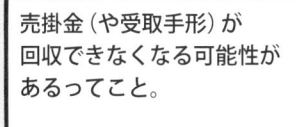

32 貸倒引当金の設定
― 決算整理事項② ―

> 貸倒れにそなえて
> 貸倒引当金を設定しよう！

決算整理事項の2つ目は**貸倒引当金の設定**です。

売掛金や受取手形は「あとで代金を受け取ることができる権利」
ですが、得意先が倒産してしまった場合には、
代金を回収できなくなる恐れがあります。

売掛金や受取手形の代金が回収できなくなることを**貸倒れ**
といい、決算時には「**いまある売掛金や受取手形が将来どれだけ
貸し倒れてしまうか**」といった貸倒れの金額を見積もって、
費用計上しておく必要があります。

たとえば、これまでの経験から年に**2%の貸倒れが生じている**、
つまり、売掛金や受取手形のうち2%が回収できていない
としましょう。
そして、決算において
売掛金と受取手形の合計額が10,000円あったとします。
そうすると、いまある10,000円のうち200円（10,000円×2％）

は回収できないかもしれないな、となりますよね。

この、回収できないかもしれない 200 円は
当期の費用として「**貸倒引当金繰入**(かしだおれひきあてきんくりいれ)」という
費用の勘定科目で処理します。

借方科目	金　額	貸方科目	金　額
▶貸倒引当金繰入◀ 費用　200			

そして、相手科目は
「貸倒引当金」という資産のマイナスを意味する勘定科目
で**処理**します。
資産のマイナスを意味する勘定科目なので、
貸倒引当金は貸方（し）の勘定科目ですね。

借方科目	金　額	貸方科目	金　額
貸倒引当金繰入	200	▶貸　倒　引　当　金◀	200
		資産のマイナス	

「**なんで売掛金や受取手形を減らさないの？**」

実際に得意先が倒産し、代金が回収できなくなったときは、
いくら待っても回収できないわけですから、
売掛金や受取手形を減額します。
しかし、決算時には、
実際に代金が回収できなくなったというわけではないので、
売掛金や受取手形を減額することはできません。
だから、代わりに「貸倒引当金」で処理しておくのです。

32 貸倒引当金の設定

9章　決算手続き

なお、貸倒引当金を設定するさいの
貸倒見積額は売掛金などの期末残高（10,000円）に
貸倒実績率（2％）を掛けて求めます。

貸倒見積額

$$貸倒見積額 = \frac{売掛金・受取手形}{の期末残高} \times 貸倒実績率$$

では、貸倒引当金を設定する仕訳をしてみましょう。

例 9-2
決算において、売掛金残高10,000円について2％の貸倒引当金を設定する（決算整理前の貸倒引当金の残高は0円）。

●貸倒引当金の設定

借方科目	金 額	貸方科目	金 額
貸倒引当金繰入	200	貸倒引当金	200

10,000円×2％

実際に貸し倒れてしまったときは、まずは「貸倒引当金」を減額！

決算において貸倒引当金を設定した売掛金や受取手形が
ホントに貸し倒れてしまったときは、
設定している貸倒引当金を減額し、
貸倒引当金を超過する分については、
「**貸倒損失**」という費用の勘定科目で処理します。

借方科目	金額	貸方科目	金額
貸 倒 引 当 金	××	売　掛　金	××
▶貸 倒 損 失◀ 費用	××	貸倒引当金を超過する額	

たとえば、**売掛金 1,000 円が貸し倒れた**、
でも**貸倒引当金 200 円が設定されている**、
という場合には、
200 円分は貸倒引当金を減額し、
800 円分（1,000 円 − 200 円）は貸倒損失で処理します。

仕訳を確認しておきましょう。

例 9-3 前期に発生した売掛金 1,000 円が当期に貸し倒れた。なお、貸倒引当金の残高は 200 円である。

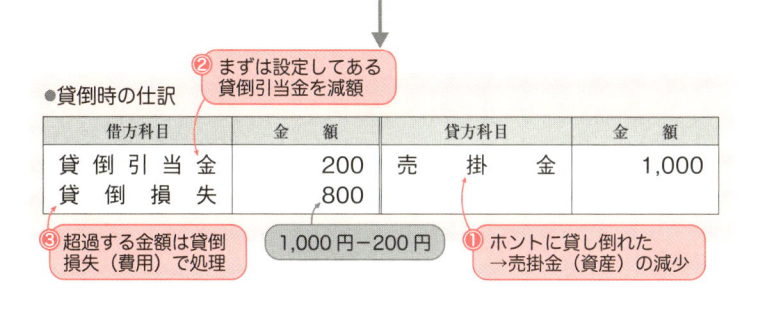

●貸倒時の仕訳

② まずは設定してある貸倒引当金を減額

借方科目	金額	貸方科目	金額
貸 倒 引 当 金	200	売　掛　金	1,000
貸 倒 損 失	800		

③ 超過する金額は貸倒損失（費用）で処理　　1,000 円 − 200 円　　① ホントに貸し倒れた → 売掛金（資産）の減少

なお、**貸倒引当金を取り崩すのは、
前期（以前）に発生した売掛金や受取手形が
当期に貸し倒れた場合**です。

当期に発生した売掛金が当期に貸し倒れたという場合、
まだ当期の決算を迎えていないため、貸し倒れた売掛金には
貸倒引当金が設定されていません。
だから、このような場合には貸倒引当金を取り崩すこと
ができないのです。

「じゃあ、そういう場合はどうするの？」

当期に発生した売掛金が当期に貸し倒れたという場合には、
全額、貸倒損失（費用）で処理します。
取り崩すべき貸倒引当金が0円と考えればいいですね。

決算日に貸倒引当金の残高があった場合は足りない分の貸倒引当金を追加計上！

たとえば、**前期末の決算で見積もった貸倒引当金200円**が
当期末において残っていたとしましょう。
そして、**当期末の貸倒見積額が300円**であったとした場合、
決算整理仕訳はどのようになると思いますか？

「前期末の貸倒引当金が残っていた場合…？」

当期末の貸倒見積額が300円ということは、
当期末の貸倒引当金を300円にすればいいので、
貸倒引当金の残高200円に100円（300円－200円）を
追加計上します。

借方科目	金　額	貸方科目	金　額
貸倒引当金繰入	100	▶貸 倒 引 当 金◀	100

貸 倒 引 当 金

	残　　高 200円	当期末 300円
	追　　加 100円	

このように、**当期の貸倒見積額と貸倒引当金残高との差額を貸倒引当金として追加計上する方法を差額補充法**といいます。

なお、当期末の貸倒見積額は150円だけど、
貸倒引当金残高は200円であるという場合、
つまり、当期末の貸倒見積額（150円）のほうが
貸倒引当金残高（200円）よりも少ない場合には、
当期末の貸倒引当金が当期末の貸倒見積額150円になるように、
50円だけ貸倒引当金を減額します。

借方科目	金　額	貸方科目	金　額
▶貸 倒 引 当 金◀	50		

貸 倒 引 当 金

減　額 50円	残　　高 200円
当期末 150円	

そして、この場合の貸方（し）は、
「**貸倒引当金戻入**」という収益の勘定科目で処理します。

32 貸倒引当金の設定

借方科目	金額	貸方科目	金額
貸 倒 引 当 金	50	▶貸倒引当金戻入◀ 収益	50

では、差額補充法の処理について、確認しておきましょう。

例 9-4
①決算において、売掛金残高 15,000 円について 2 %の貸倒引当金を設定する（貸倒引当金の残高は 200 円）。
②決算において、売掛金残高 7,500 円について 2 %の貸倒引当金を設定する（貸倒引当金の残高は 200 円）。

①貸倒見積額＞貸倒引当金残高の場合

借方科目	金額	貸方科目	金額
貸倒引当金繰入	100	貸 倒 引 当 金	100

❷借方が空欄
→貸倒引当金繰入（費用）

❶貸倒引当金の残高が 200 円
→貸倒引当金が 15,000 円×2 %
＝300 円になるように、100 円を追加計上

②貸倒見積額＜貸倒引当金残高の場合

借方科目	金額	貸方科目	金額
貸 倒 引 当 金	50	貸倒引当金戻入	50

❶貸倒引当金の残高が 200 円
→貸倒引当金が 7,500 円×2 %
＝150 円になるように、50 円を減額

❷貸方が空欄
→貸倒引当金戻入（収益）

> すでに貸倒処理した売掛金を回収した場合は「償却債権取立益(収益)」で処理する

最後に、すでに貸倒処理した売掛金や受取手形を
回収した場合の処理をみておきましょう。

前期に得意先が倒産したため、
売掛金1,000円を貸倒処理したけども、
当期に運よく回収できたという場合の処理です。

このように、**前期（以前）に貸倒処理した売掛金や受取手形を
当期に回収したときは、回収した金額を
「償却債権取立益」という収益の勘定科目で処理します。**

…なんだか、難しそうな勘定科目ですが、要するに、
なくなったものとした（**償却**した）
売掛金や受取手形（**債権**）を
回収した（**取り立て**た）ことによって生じた**収益**なので、
「償却債権取立益」というわけです。

借方科目	金　額	貸方科目	金　額
		▶償却債権取立益◀ 収益	××

具体例を使って、仕訳を確認しておきましょう。

32 貸倒引当金の設定

9章　決算手続き

例 9-5 前期に貸倒処理した売掛金 1,000 円を現金で回収した。

●前期に貸倒処理した売掛金を回収したときの仕訳

借方科目	金　額	貸方科目	金　額
現　　　金	1,000	償却債権取立益	1,000

① 現金で回収した
　→現金（資産）の増加

② 前期に貸倒処理した売掛金を回収した
　→償却債権取立益（収益）で処理

33 消耗品の処理
― 決算整理事項③ ―

消耗品の２つの処理方法

決算整理事項の３つ目は**消耗品の処理**です。

消耗品とは、鉛筆やコピー用紙など、
金額が低く、短期間に使われてなくなってしまうものをいいます。

この消耗品は、**使ってなければ資産**ですが、
使ってしまったら費用となります。

したがって、消耗品の**購入時に資産**として処理して、
決算時に使ってしまった分を費用に振り替えてもいいし、
消耗品の**購入時に費用**として処理してしまい、
決算時に残っている分を資産に振り替えても結果は同じです。

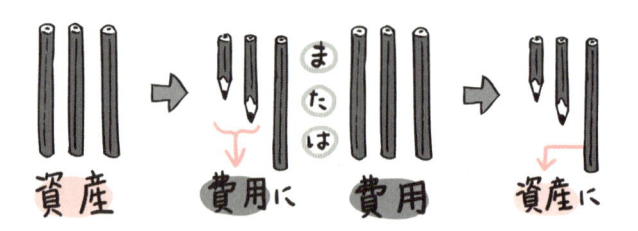

そこで、消耗品の処理には、
購入時に資産で処理する方法と**購入時に費用で処理する方法**の
2つの処理方法があります。

まずは、購入時に資産で処理する方法からみていきましょう。

購入時に「消耗品」で処理し、決算時に使った分を「消耗品費」に振り替える

購入時に資産で処理する方法では、
消耗品を買ったとき、**消耗品（資産）の増加**で処理します。

借方科目	金額	貸方科目	金額
▶消　耗　品◀ 資産	××	現　金　な　ど	××

そして、決算において、
当期中に使った分だけ、消耗品費（費用）に振り替えます。

借方科目	金額	貸方科目	金額
▶消　耗　品　費◀ 費用	××	消　耗　品	××

（使った分だけ消耗品費に振り替える）

具体例を使って、

購入時に資産で処理する方法の仕訳を確認しておきましょう。

> **例 9-6**
> ①消耗品 1,000 円を購入し、現金で支払った。
> ②決算において、消耗品が 300 円分残っていた。

①購入時の仕訳／購入時に資産で処理する方法

借方科目	金　額	貸方科目	金　額
消　耗　品	1,000	現　　　金	1,000

❷ 消耗品を購入した
→消耗品（資産）の増加

❶ 現金で支払った
→現金（資産）の減少

②決算時の仕訳／購入時に資産で処理する方法

借方科目	金　額	貸方科目	金　額
消　耗　品　費	700	消　耗　品	700

300 円分が残っているということは、
使った分は 700 円（1,000 円－300 円）
→使った分だけ消耗品費（費用）に振り替える

これが購入時に資産で処理する方法です。

つづいて、購入時に費用で処理する方法をみてみましょう。

33 消耗品の処理

9章　決算手続き

> 購入時に「消耗品費」で処理し、決算時に残っている分を「消耗品」に振り替える

購入時に費用で処理する方法では、
消耗品を買ったとき、**消耗品費（費用）で処理します。**

借方科目	金額	貸方科目	金額
消耗品費（費用）	××	現金など	××

そして、決算において、
残っている分だけ、消耗品（資産）に振り替えます。

借方科目	金額	貸方科目	金額
消耗品（資産）	××	消耗品費	××

残っている分だけ消耗品に振り替える

具体例を使って、
購入時に費用で処理する方法の仕訳を確認しておきましょう。

例 9-7
①消耗品 1,000 円を購入し、現金で支払った。
②決算において、消耗品が 300 円分残っていた。

①購入時の仕訳／購入時に費用で処理する方法

借方科目	金額	貸方科目	金額
消 耗 品 費	1,000	現　　　金	1,000

❷ 消耗品を購入した
→消耗品費（費用）の発生

❶ 現金で支払った
→現金（資産）の減少

②決算時の仕訳／購入時に費用で処理する方法

借方科目	金額	貸方科目	金額
消 耗 品	300	消 耗 品 費	300

300円分が残っている
→残っている分を消耗品（資産）に振り替える

消耗品の処理は2つの方法があるので、
少しややこしいですが、

残っていれば資産、使ってしまったら費用
ということをおさえておきましょう。

33 消耗品の処理

9章 決算手続き

34 有価証券の評価替え
― 決算整理事項④ ―

> 帳簿価額＞時価なら「評価損」
> 帳簿価額＜時価なら「評価益」

決算整理事項の4つ目は**有価証券の評価替え**です。

**有価証券の評価替えとは、
有価証券の帳簿価額を決算時の時価に修正すること**
をいいます。

なお、時価とは、証券取引所の相場等をいい、
簡単にいうと「いまの価値」のことです。

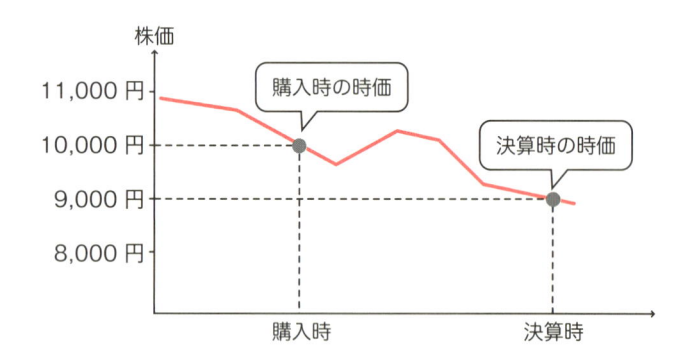

有価証券の帳簿価額を
決算時の時価に修正するわけですから、
たとえば、
帳簿価額が 10,000 円の売買目的有価証券について、
決算時の時価が 9,000 円であったとした場合には、　<帳簿価額＞時価 の場合>
まずは、差額の 1,000 円分だけ
売買目的有価証券（資産）を減少させます。

借方科目	金　額	貸方科目	金　額
		▶売買目的有価証券◀	1,000

これで、売買目的有価証券の帳簿価額が
10,000 円から 9,000 円（時価）になりました。

帳簿価額が 10,000 円で時価が 9,000 円ということは、
いま、この有価証券を売却したら 1,000 円の損失となります。

そこで、借方（り）は
評価替えによって損失が生じているという意味の
「有価証券評価損」という費用の勘定科目で処理します。

借方科目	金　額	貸方科目	金　額
▶有価証券評価損◀ 費用	1,000	売買目的有価証券	1,000

反対に、たとえば、
帳簿価額が 10,000 円の売買目的有価証券について、
決算時の時価が 12,000 円であったとした場合には、　<帳簿価額＜時価 の場合>
差額の 2,000 円分だけ

34 有価証券の評価替え

9章　決算手続き

売買目的有価証券（資産）を増加させます。

借方科目	金　額	貸方科目	金　額
▶売買目的有価証券◀	2,000		

これで、売買目的有価証券の帳簿価額が
10,000 円から 12,000 円（時価）になりました。

帳簿価額が 10,000 円で時価が 12,000 円ということは、
いま、この有価証券を売却したら 2,000 円の儲けとなります。

そこで、貸方（し）は、
評価替えによって儲けが生じているという意味の
「有価証券評価益」という収益の勘定科目で処理します。

借方科目	金　額	貸方科目	金　額
売買目的有価証券	2,000	▶有価証券評価益◀ 収益	2,000

以上をふまえて、有価証券の評価替えの仕訳をしてみましょう。

> **例 9-8**
> ①決算時の売買目的有価証券（帳簿価額 10,000 円）の時価は 9,000 円であった。
> ②決算時の売買目的有価証券（帳簿価額 10,000 円）の時価は 12,000 円であった。

①有価証券の評価替え／帳簿価額＞時価の場合

借方科目	金　額	貸方科目	金　額
有価証券評価損	1,000	売買目的有価証券	1,000

❷ 借方が空欄
　→有価証券評価損（費用）

❶ 10,000円を9,000円にする
　→売買目的有価証券（資産）を
　　1,000円減らす

②有価証券の評価替え／帳簿価額＜時価の場合

借方科目	金　額	貸方科目	金　額
売買目的有価証券	2,000	有価証券評価益	2,000

❶ 10,000円を12,000円にする
　→売買目的有価証券（資産）を
　　2,000円増やす

❷ 貸方が空欄
　→有価証券評価益（収益）

☆「固定資産の減価償却」…その前に。

とあるオフィス

なあなあ

ヒソヒソ

ん？

時刻は丑三つ時

今日もN田
ヘマして怒られてた
よな～

あ～

仕事できないよね～
あの人

なのにさ
給料支払われる
ワケじゃん？

従業員
だからね～

でさ
たしか給料って
費用だよな？

売上（収益）を
あげるために
必要な支出だから…

費用だね～

でもさN田よりも
オレたちのほうが
売上（収益）獲得に
貢献してると
思わねえ？

| オレたちとは… | この子たち！ 確かに… |

※ここからは明るくしてお届けします

| 思う　思う！ ビクッ | ガラガラ ちょっくらごめんよ 営業車くん！ |

| 君こそ働き者だよねー うんうん いや〜 | オレたちだって売上（収益）に貢献してるんだからそういう意味じゃ費用だよな〜 ま、費用ってあんまりいい響きじゃないけど うん うん |

しかもさ～
買ったときの価額で
資産計上される
らしいけど
取得原価ってヤツね。
新人にはかなわないよね～
1年経ったいま
買ったときと同じ価値
ないっつーの！
それでも
取得原価の
ママって…
おかしいよね～？
だからね
ビクーーッ
わっ!!
だっ誰?!
こっち
どこ?!
こっちじゃよ
ちょーろー
建物さん!!
こっちじゃ
フォフォフォ

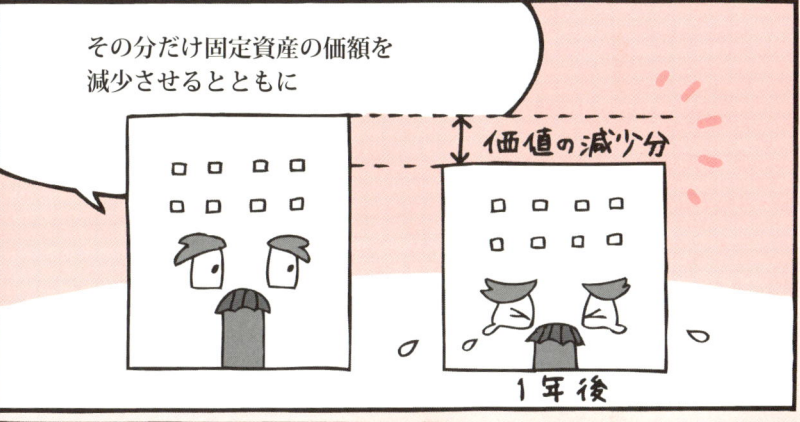

ワシら固定資産は
1年に一度 価値の減少分が
見積もられ

その分だけ固定資産の価額を
減少させるとともに

価値の減少分

1年後

その分だけ 費用として
計上されるのじゃよ

へー

いちおー
考えてるんだね

やるな

これを
減価償却って
いうのじゃ

35 固定資産の減価償却
— 決算整理事項⑤ —

> 固定資産の価値の減少分だけ費用とする手続きを減価償却という

決算整理事項の5つ目は**固定資産の減価償却**です。

固定資産を購入したときは、
購入代価に付随費用を加算した取得原価で計上する
ということは5章で学習しました。

でも、固定資産は使っているうちに古くなっていきます。
たとえば、300万円で購入した車は最初のうちは300万円の
価値がありますが、年々その価値が減っていきますよね。

そこで、決算において、固定資産の価値の減少額を見積もり、
その分だけ帳簿価額を減少させます。

借方科目	金　額	貸方科目	金　額
		車　両　な　ど	××

このとき、**価値の減少分だけ売上（収益）をあげるのに**
貢献したと考え、借方（り）は

「減価償却費」という費用の勘定科目で処理します。

借方科目	金　額	貸方科目	金　額
▶減 価 償 却 費　費用	××	車　両　な　ど	××

なお、上記のように車両や建物などの
固定資産の取得原価を直接減らさず、
「**減価償却累計額**」という**資産のマイナスをあらわす勘定科目で処理**
することもあります。

> アタマに固定資産の名称をつけて「車両減価償却累計額」などとすることもあります。

固定資産の取得原価を直接減らす方法を**直接法**、
固定資産の取得原価を直接減らさず、
「減価償却累計額」で処理する方法を**間接法**
といいます。

借方科目	金　額	貸方科目	金　額
減 価 償 却 費	××	車　両　な　ど	××

直接法

借方科目	金　額	貸方科目	金　額
減 価 償 却 費	××	減 価 償 却 累 計 額	××

間接法

このように固定資産の**価値**の**減少**分を見積もって、
費用化（**償却**）する手続きを**減価償却**といいます。

35 固定資産の減価償却

9章　決算手続き

> **これは覚えて！**
> 減価償却費（定額法）＝ $\dfrac{\text{取得原価}-\text{残存価額}}{\text{耐用年数}}$

さて、固定資産の価値の減少分だけ減価償却費を計上する、といったところで、固定資産の価値の減少分を見積もるのは難しいですよね？

当期はたくさん使ったから多めに計上！　といっても、どのくらい使ったかなんて把握できないものです。

そこで、簿記では
一定の方法によって減価償却費を計算する
という決まりがあります。
減価償却費の計算方法は、いくつかあるのですが、
3級で学習するのは**定額法**なので、
定額法について説明します。

**定額法とは、毎年同じ額だけ減価償却費を計上する方法で、
具体的には、固定資産の使用期間中に価値が減少する分を
使用期間で割って計算する方法**をいいます。

…ちょっと、わかりづらいですね。
例を使ってみてみましょう。

たとえば、**取得原価が 5,000 円の備品があって、
この備品は 5 年間使えるもの**だとしましょう。

そして、年々価値が下がり、**5 年後には取得原価の 10％まで
価値が下がる**と考えてください。

この場合の使用期間（5 年）を
耐用年数といいます。
また、耐用年数到来後（5 年後）に残っている価値を
残存価額といいます。

では、この場合の残存価額はいくらになりますか？

「取得原価 5,000 円の 10％だから…」

残存価額は
5,000 円 × 10％ = 500 円ですね。

取得原価 5,000 円が 5 年後には 500 円になってしまうのです。
ということは、5 年間で減少した価値は
4,500 円（5,000 円 − 500 円）となりますよね。

この 4,500 円は 5 年間で減少した価値なので、
こんどは当期 1 年間で減少した価値を求めましょう。

35 固定資産の減価償却

1年間の価値の減少分は
4,500円÷5年＝900円と計算できますね。

この計算をイメージ図と式であらわすと次のようになります。

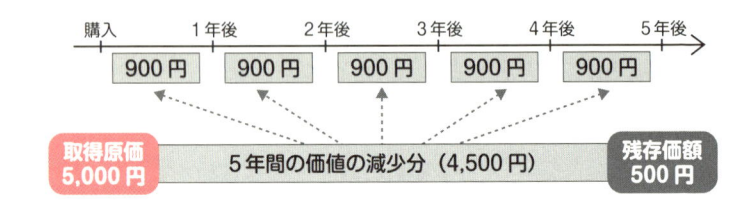

購入　1年後　2年後　3年後　4年後　5年後
900円　900円　900円　900円　900円

取得原価 5,000円　5年間の価値の減少分（4,500円）　残存価額 500円

減価償却（定額法）

$$減価償却費 = \frac{取得原価 - 残存価額}{耐用年数}$$

なお、残存価額が取得原価の10%の場合、
結局、取得原価の90%を耐用年数にわたって
減価償却することになります。

そこで、残存価額が取得原価の10%の場合には、
取得原価に0.9を掛けた金額を耐用年数で割って
減価償却費を計算することもできます。
さきほどの例なら こんな感じ ですね。
　減価償却費：5,000円×0.9÷5年＝900円

「残存価額って必ず10%なの？」

残存価額は基本的に取得原価の10%ですが、
0円の場合もあります。
ですから、試験では問題文の指示にしたがって
解答するようにしてください。
また、耐用年数については、問題文に指示があります。

ここまでの内容を確認しておきましょう。

> **例 9-9**
> ①決算において、取得原価5,000円の備品について、定額法により減価償却を行う。なお、残存価額は取得原価の10%、耐用年数は5年、記帳方法は直接法である。
> ②①について記帳方法が間接法の場合の仕訳をしなさい。

①固定資産の減価償却／直接法

借方科目	金　額	貸方科目	金　額
減 価 償 却 費	900	備　　　　品	900

5,000円×0.9÷5年

直接法の場合は固定資産の取得原価を直接減額

②固定資産の減価償却／間接法

借方科目	金　額	貸方科目	金　額
減 価 償 却 費	900	備品減価償却累計額	900

間接法の場合は「減価償却累計額」で処理

35 固定資産の減価償却

9章　決算手続き

期中に取得した固定資産の減価償却費は月割計算!

前記で学習した減価償却費は1年間の減価償却費です。
したがって、**固定資産の購入日から決算日までの期間が1年未満である場合には、月割りで減価償却費を計算**します。

> **期中に購入した固定資産の減価償却費**
>
> 期中に固定資産を購入した場合は、減価償却費を月割りで計上

たとえば、1年間の減価償却費が900円だけど、
購入日(使用開始日)は10月1日、決算日は12月31日という場合、
当期の使用期間は10月1日から12月31日までの3カ月なので、
900円のうち3カ月分だけを当期の減価償却費として計上します。

減価償却費:$900円 \times \dfrac{3カ月}{12カ月} = 225円$

期首		購入日	期末(決算日)
1/1		10/1	12/31

3カ月分

購入後、何年かして固定資産を売却したときの処理は?

固定資産を購入して、すぐに売却したときの処理については、

5章で学習しましたが、ここでは固定資産を購入したあと、
何年かして売却したときの処理をみておきましょう。

減価償却の記帳方法には直接法と間接法がありますが、
間接法のほうがイメージしやすいので、
さきに**間接法の場合の売却時の処理**について説明します。

固定資産を売却したときは、
固定資産がなくなってしまうので、
固定資産の取得原価を減額します。

借方科目	金　　額	貸方科目	金　　額
		▶備　　　　品◀	××

これは5章で学習しましたね。

で…、次が新しい内容です。
固定資産は決算において減価償却します。
ですから、購入後、何年かしてから売却する場合には、
すでに減価償却がされているわけです。

間接法の場合には、減価償却のさい、
貸方（し）を「減価償却累計額」で処理しましたね。

固定資産を売却したとき、
この固定資産にかかる減価償却累計額もなくなります。
そこで、固定資産の売却時には

35 固定資産の減価償却

9章　決算手続き

計上している減価償却累計額を借方（**り**）に記入して減額
します。

借方科目	金　額	貸方科目	金　額
▶備品減価償却累計額◀	××	備　　　品	××

あとは5章で学習したとおりですが、
もう一度、みておきましょう。

固定資産を売却したときは、
売却代金を受け取りますよね。
仮に代金を現金で受け取ったとしたら、
現金（資産）の増加。…これはもう大丈夫ですね。

借方科目	金　額	貸方科目	金　額
備品減価償却累計額	××	備　　　品	××
▶現　　　　　金◀	××		

そして、貸借差額は
固定資産売却損（費用）または**固定資産売却益（収益）**で処理、
これも学習しましたね。

借方科目	金　額	貸方科目	金　額
備品減価償却累計額	××	備　　　品	××
現　　　　　金	××	▶固定資産売却益◀	××
▶固定資産売却損◀	××		

（どちらかを記入）

ここまでの内容を具体例で確認しておきましょう。

> **例 9-10** 当期首において、備品（取得原価 5,000 円、減価償却累計額 1,800 円、記帳方法は間接法）を 3,000 円で売却し、現金を受け取った。

●固定資産の売却時の仕訳／間接法

借方科目	金 額	貸方科目	金 額
備品減価償却累計額	1,800	備　　　品	5,000
現　　　　金	3,000		
固定資産売却損	200		

順番に記入していくと借方に差額が生じる
→固定資産売却損（費用）

つづいて、**記帳方法が直接法の場合**です。

直接法の場合、減価償却のつど、

固定資産の取得原価を直接減額しています。

ですから、**取得原価が 5,000 円、**

前期末までの減価償却費の合計額が 1,800 円の備品の場合、

帳簿上の備品の金額は

3,200 円（5,000 円－ 1,800 円）になっています。

この帳簿上の金額、つまり

取得原価から減価償却費の累計額を差し引いた金額を帳簿価額

といいます。

→間接法の場合でも、この金額を帳簿価額といいます。

35 固定資産の減価償却

9章 決算手続き

したがって、直接法の場合には、
取得原価から減価償却費の累計額を差し引いた
帳簿価額を減額します。
あとは間接法と同じです。

では、例 9-10 を直接法で仕訳してみましょう。

> **例 9-11** 当期首において、備品（取得原価 5,000 円、減価償却費の累計額 1,800 円、記帳方法は直接法）を 3,000 円で売却し、現金を受け取った。

●固定資産の売却時の仕訳／直接法

借方科目	金　額	貸方科目	金　額
現　　　　金	3,000	備　　　　品	3,200
固定資産売却損	200		

帳簿価額
5,000 円－1,800 円

なお、固定資産を期中に売却したときは、
期首から売却時までの減価償却費を月割りで計上します。

この場合の仕訳を間接法の場合でみておきましょう。

例 9-12 備品（取得原価 5,000 円、前期末における減価償却累計額 1,800 円）を当期の 10 月 31 日に 3,000 円で売却し、現金を受け取った。なお、会計期間は 1 月 1 日から 12 月 31 日までであり、残存価額は取得原価の 10％、耐用年数は 5 年、定額法で処理すること（記帳方法は間接法）。

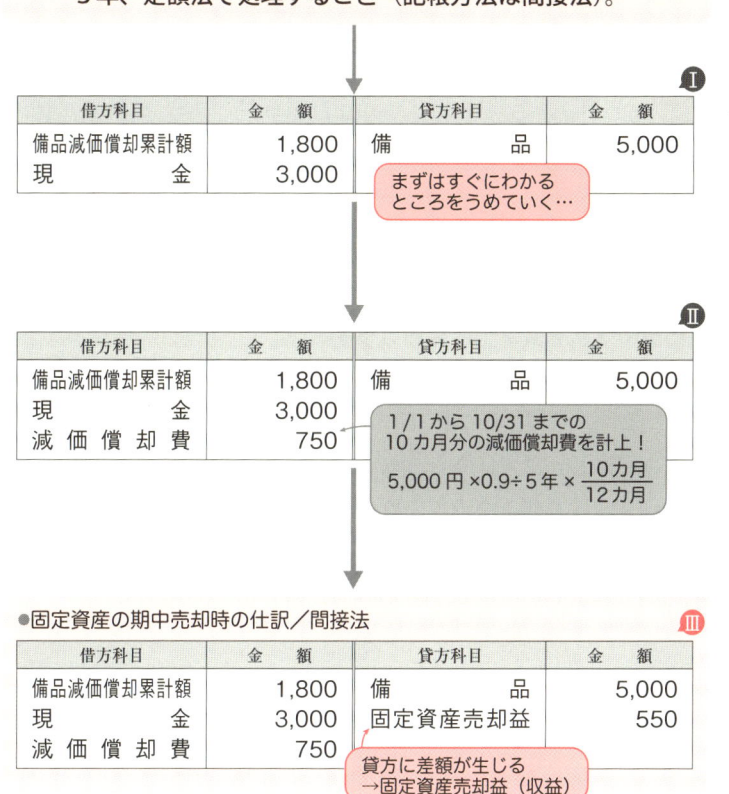

I

借方科目	金　額	貸方科目	金　額
備品減価償却累計額	1,800	備　　　品	5,000
現　　　金	3,000		

まずはすぐにわかるところをうめていく…

II

借方科目	金　額	貸方科目	金　額
備品減価償却累計額	1,800	備　　　品	5,000
現　　　金	3,000		
減 価 償 却 費	750		

1/1 から 10/31 までの 10 カ月分の減価償却費を計上！

$$5,000 円 \times 0.9 \div 5 年 \times \frac{10 カ月}{12 カ月}$$

● 固定資産の期中売却時の仕訳／間接法

III

借方科目	金　額	貸方科目	金　額
備品減価償却累計額	1,800	備　　　品	5,000
現　　　金	3,000	固定資産売却益	550
減 価 償 却 費	750		

貸方に差額が生じる
→固定資産売却益（収益）

以上が固定資産の減価償却に関する内容です。

35 固定資産の減価償却

9 章　決算手続き

36 引出金の処理
― 決算整理事項⑥ ―

> 引出金の残高は、最後に資本金と相殺！

決算整理事項の6つ目は**引出金の処理**です。

お店の現金などを店主が私用で使った場合に、
引出金で処理したときは、決算において
引出金の残高を資本金と相殺します。

資本の引出時に「資本金の減少」として処理していた場合には、なんの処理もしません。

そんなに難しい話ではありませんので、
具体例を使って仕訳をみてしまいましょう。

例 9-13 決算において、引出金の残高が借方に750円ある。

●引出金の処理

借方科目	金　額	貸方科目	金　額
資　本　金	750	引　出　金	750

❷ 引出金は資本金のマイナス
→資本金（純資産）の減少

❶ 借方にある引出金を0円にする
→貸方に記入

☆「売上原価の算定」…その前に。

問題です

① 1個100円のリンゴを10個買ってきました。いくら支払いましたか？

@100円

@100円×10個だから…

1,000円！

正解！

② ①で買ってきたリンゴを2個残してあとは全部食べました。いくら分残っているでしょう？

@100円

ウーン

@100円×2個だから…

200円分！

正解！

③ では、いくら分を食べたことになるでしょう？

1,000円－200円だから…

800円分！

正解！

ふふん カンタン ♪

ちょっと難しくなります

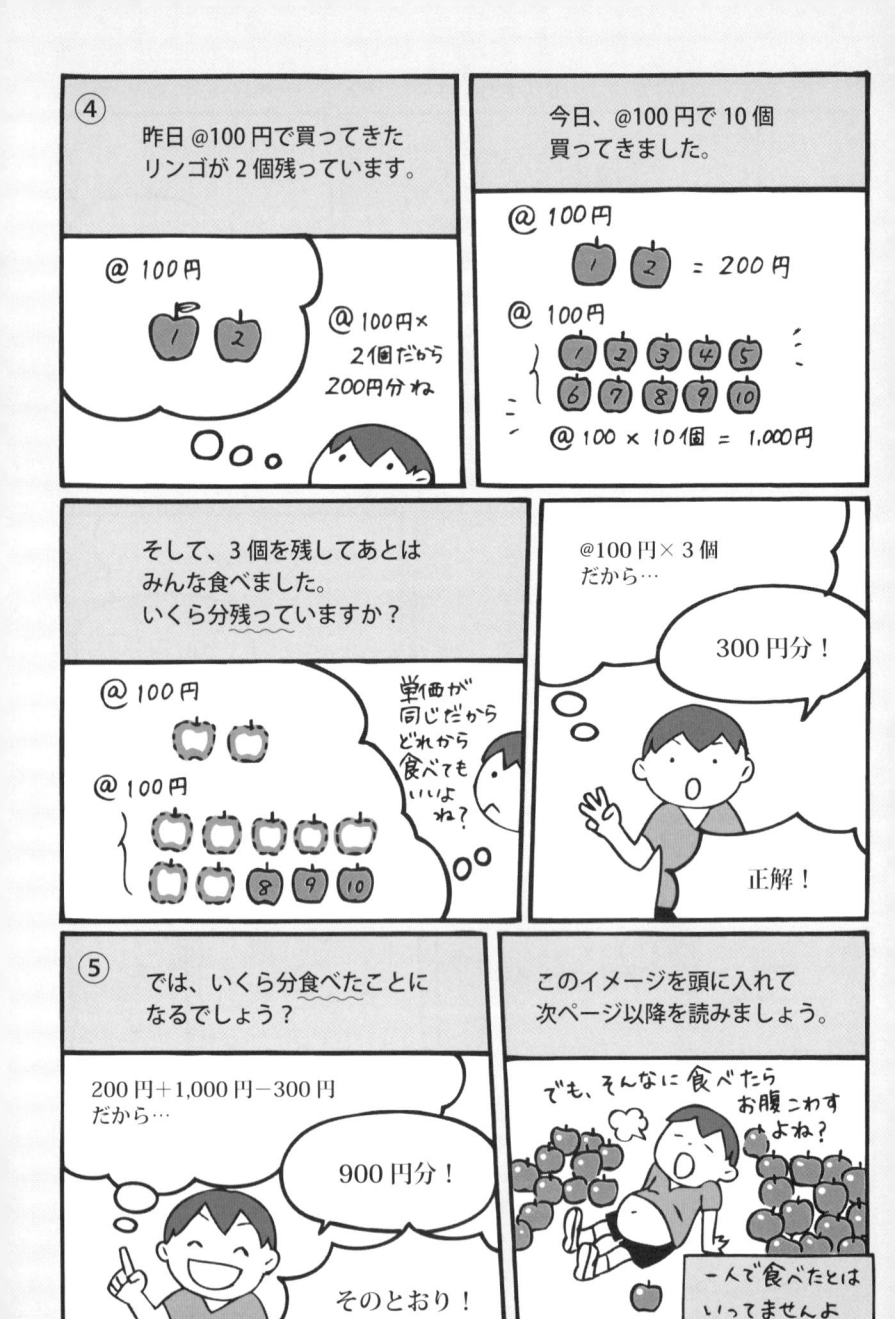

④ 昨日@100円で買ってきたリンゴが2個残っています。

@100円

@100円×2個だから200円分ね

今日、@100円で10個買ってきました。

@100円
① ② = 200円

@100円
① ② ③ ④ ⑤
⑥ ⑦ ⑧ ⑨ ⑩
@100 × 10個 = 1,000円

そして、3個を残してあとはみんな食べました。
いくら分残っていますか？

@100円

@100円

単価が同じだからどれから食べてもいいよね？

@100円×3個だから…

300円分！

正解！

⑤ では、いくら分食べたことになるでしょう？

200円+1,000円-300円だから…

900円分！

そのとおり！

このイメージを頭に入れて次ページ以降を読みましょう。

でも、そんなに食べたらお腹こわすよね？

一人で食べたとはいってませんよ

37 売上原価の算定
― 決算整理事項⑦ ―

> 期末商品の原価は「仕入（費用）」から「繰越商品（資産）」に振り替える

決算整理事項の7つ目は**売上原価の算定**です。

売上原価というのは、売上（収益）に対応する費用、つまり**売り上げた商品の仕入原価**のことをいいます。

ですから、1個100円のリンゴを10個買って、このうち8個を売り上げた場合の売上原価は

@100円 × 8個 = 800円

となるわけです。
…となるわけですが、
ちょっと商品の仕入時の処理を思い出してみてください。
三分法の場合は、商品を仕入れたとき、
全額、**仕入（費用）で処理**しましたよね？

借方科目	金　額	貸方科目	金　額
仕　　　入	1,000	買 掛 金 な ど	1,000

（@100円 ×10個）

9章 決算手続き

…もうすでに**費用（仕入）で処理されている**んですね。
だけど、この仕入の金額1,000円は
売上原価800円ではありません。

そこで、決算において、
仕入（費用）の金額1,000円を
800円に修正する必要があります。

どのように修正するかというと、
期末に残っている商品の原価分だけ
仕入（費用）を減らしてあげるのです。

リンゴ10個を買ってきて、8個を売り上げたなら
残っているのは2個ですよね。
ですから、2個分の原価200円（@100円×2個）を
仕入（費用）から減額します。
仕入（費用）を減額するので、貸方（し）に記入します。

借方科目	金　額	貸方科目	金　額
		▶仕　　　入◀	200

@100円×2個

借方（り）は？…というと、
商品が2個残っているわけですから、
資産の勘定科目で処理します。

三分法の場合には、
「繰越商品」という資産の勘定科目を用います。

借方科目		金　額	貸方科目	金　額
繰　越　商　品	資産	200	仕　　　　入	200

以上の処理をすることによって、
仕入（費用）の金額が売上原価 800 円となり、
残っている商品の原価が繰越商品（資産）として計上されます。

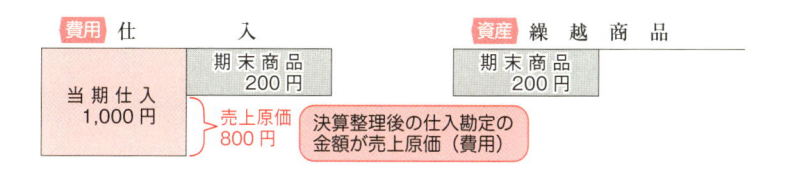

費用 仕　　入		資産 繰　越　商　品
	期末商品 200円	期末商品 200円
当期仕入 1,000円	売上原価 800円	決算整理後の仕入勘定の金額が売上原価（費用）

ここまではわりとラクなのですが、次はちょっと難しいです。
心して読んでください。

期首商品の原価は「繰越商品（資産）」から「仕入（資産）」に振り替える

当期末に残っている商品は、翌期に販売されます。
そして、販売された商品の原価は売上原価（費用）となります。
したがって、**翌期には期首商品の原価を再度、**
繰越商品（資産）から仕入（費用）に振り替える必要があります。

たとえば、**期首商品の原価が 200 円であった場合**には、
次のような仕訳になります。

●期首商品原価の振り替え

借方科目	金　額	貸方科目	金　額
仕　　　　入	200	繰　越　商　品	200

前の決算で仕入（費用）から減額した分を再度、仕入（費用）として処理

期首の商品は当期中に販売され、なくなったと考える
→繰越商品（資産）の減少

そして、期末商品が300円であった場合には、
さきほど学習したように、期末商品の原価300円を
仕入（費用）から繰越商品（資産）に振り替えます。

●期末商品原価の振り替え

借方科目	金　額	貸方科目	金　額
繰　越　商　品	300	仕　　　　入	300

なお、期首商品の原価を「**期首商品棚卸高**」、
期末商品の原価を「**期末商品棚卸高**」といいます。

棚卸しとは、1個、2個…と商品の在庫数を数えることをいい、
通常、決算時に行われます。
棚卸しをした結果の商品の金額なので、
「期首商品棚卸高」とか「期末商品棚卸高」というんですね。

では、期首商品と期末商品がある場合の
売上原価の算定の仕訳をみておきましょう。

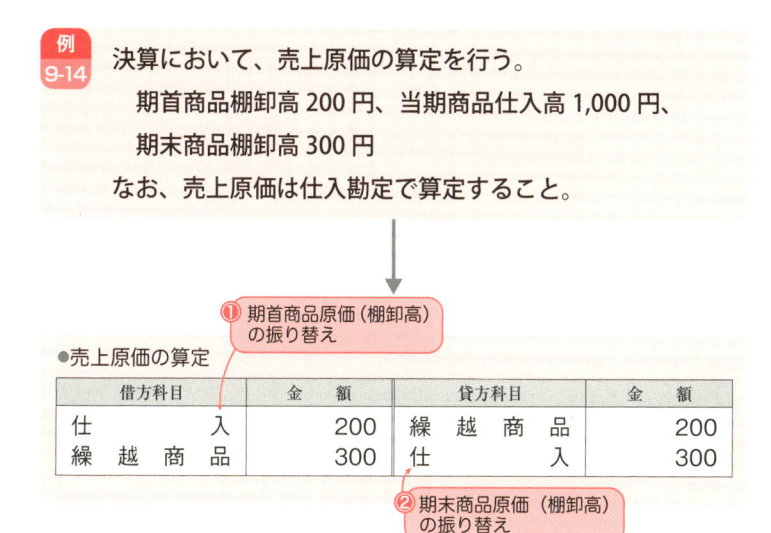

例 9-14 決算において、売上原価の算定を行う。
期首商品棚卸高 200 円、当期商品仕入高 1,000 円、
期末商品棚卸高 300 円
なお、売上原価は仕入勘定で算定すること。

● 売上原価の算定

① 期首商品原価（棚卸高）の振り替え
② 期末商品原価（棚卸高）の振り替え

借方科目	金額	貸方科目	金額
仕　　　　入	200	繰　越　商　品	200
繰　越　商　品	300	仕　　　　入	300

上記の仕訳を行うことで、
仕入勘定で売上原価が 900 円（1,000 円 + 200 円 − 300 円）
と算定されます。

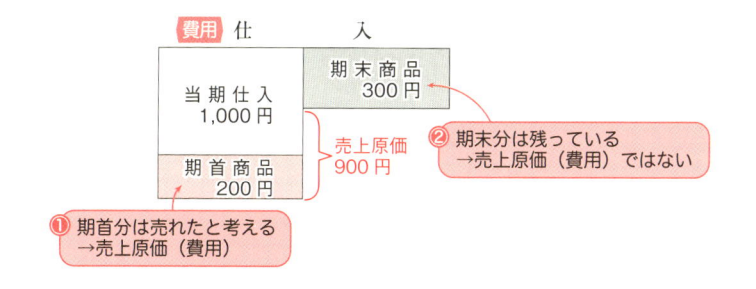

費用 仕　入

| 当期仕入 1,000 円 | 期末商品 300 円 |
| 期首商品 200 円 | |

売上原価 900 円

① 期首分は売れたと考える → 売上原価（費用）
② 期末分は残っている → 売上原価（費用）ではない

37 売上原価の算定

9章　決算手続き

なお、売上原価の計算式をあらわすと
次のようになります。

売上原価の算定

$$売上原価 = 期首商品棚卸高 + 当期商品仕入高 - 期末商品棚卸高$$

売上原価を算定する仕訳は、
意味を考えていくと迷宮に迷いこんでしまうことがあるので、
期首商品は「仕入／繰越商品」、
期末商品は「繰越商品／仕入」で仕訳する、
と覚えてしまったほうがよいかもしれません。

分記法は「商品」という勘定科目を用いて処理する

これまで、商品売買の処理について、
三分法を前提に仕訳をしてきましたが、
ここで**分記法**という方法を少しだけ説明しておきます。

> 商品売買について、「仕入」「売上」「繰越商品」の3つの勘定を使って処理する方法ですね。

分記法では、商品を仕入れたとき、
「商品」という資産の勘定科目で処理します。

たとえば、**商品3,000円を掛けで仕入れた場合**には、

借方科目	金　額	貸方科目	金　額
▶商　　　　品◀ 資産	3,000	買　掛　金	3,000

という仕訳になります。

また、商品を売り上げたときには、
商品自体がなくなるわけですから、
売り上げた商品の原価を減少させます。

そして、**売り上げた商品の原価と売価との差額**は
「商品売買益」という収益の勘定科目で処理します。

したがって、たとえば、
原価3,000円の商品を4,000円で掛けで売り上げた場合には、
次のような仕訳になります。

借方科目	金　額	貸方科目	金　額
売　掛　金	4,000 売価	商　　　　品	3,000 原価
		商 品 売 買 益 収益	1,000 差額

試験では、
たまに分記法の問題が出題されることがあるので、
余裕のある方はおさえておきましょう。

37 売上原価の算定

9章　決算手続き

38 費用と収益の繰延べ、見越し
― 決算整理事項⑧ ―

> 当期に支払った費用（受け取った収益）のうち、次期以降の分は繰り延べる

決算整理事項の最後は**費用と収益の繰延べ、見越し**です。
まずは、**費用と収益の繰延べ**から…。

会計期間が1月1日から12月31日のお店が、
当期の4月1日に建物の火災保険料1年分12,000円を支払った
という場合、当期に1年分、12,000円を支払っていますが、
当期分は4月1日から12月31日までの9カ月分で、
残りの3カ月分は次期分です。

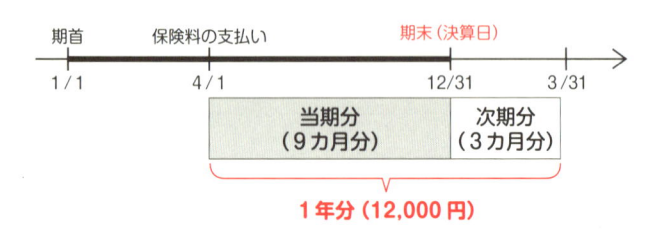

```
期首      保険料の支払い              期末（決算日）
 |              |                        |
1/1            4/1                     12/31       3/31
                ┌──────────────┬────────┐
                │   当期分       │ 次期分  │
                │  （9カ月分）    │（3カ月分）│
                └──────────────┴────────┘
                      1年分（12,000円）
```

したがって、1年分の保険料のうち、次期分については
当期の費用（保険料）から差し引く必要があります。
このように、**当期に支払った費用または受け取った収益のうち、**

次期以降の期間にかかる金額を当期の費用または収益から
差し引いて、次期に持ち越すことを繰延べといいます。

> **費用を繰り延べるときの借方科目は「前払●●」**

それではさきほどの保険料（費用）を繰り延べてみましょう。
4月1日に1年分の保険料12,000円を支払ったとき、

借方科目	金額	貸方科目	金額
保険料	費用 12,000	現金など	12,000

という仕訳をしています。これはいいですね？

そして、決算時の仕訳です。
1年分の保険料12,000円のうち3カ月分が次期分なので、

繰り延べる金額は $12{,}000 円 \times \dfrac{3 カ月}{12 カ月} = 3{,}000 円$ となります。

この3,000円を当期の保険料（費用）から差し引きます。
費用の減少ですから、**貸方（ひ）に「保険料」と記入。**

借方科目	金額	貸方科目	金額
		▶保険料◀	3,000

借方（か）ですが、
次期の保険料を前払いしているので、
「前払保険料」という資産の勘定科目で処理します。

38 費用と収益の繰延べ、見越し

9章 決算手続き

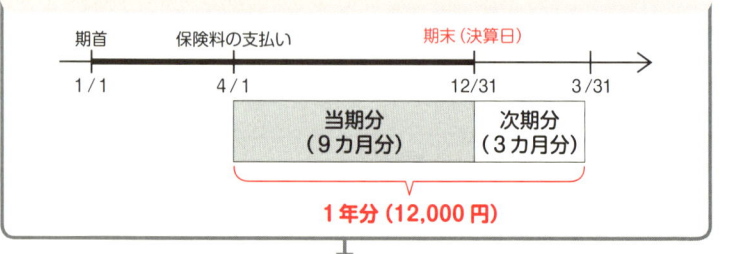

借方科目	金額	貸方科目	金額
前 払 保 険 料 ◀資産	3,000	保　険　料	3,000

「なんで"前払保険料"が資産なの？」

次期の保険料（費用）を当期に支払っているので、
その分だけ次期にサービスを
受けることができる権利が生じます。
ですから、**前払保険料は資産**。

→「次期の保険料（費用）を当期に支払っている」→「もう支払わなくていい」
→「うれしい」→「資産」と考えてもいいですね。

なお、支払家賃の繰延べなら「**前払家賃**」、
支払利息の繰延べなら「**前払利息**」となります。
どちらも資産の勘定科目です。

では、ここで費用の繰延べを確認しておきましょう。

> **例 9-15**
> 保険料12,000円は当期の4月1日に向こう1年分を支払ったものである。決算において、次期分を繰り延べる。当期は×1年1月1日から×1年12月31日までである。
>
> ```
> 期首      保険料の支払い           期末（決算日）
> ─┼────────┼──────────────┼──────────┼─→
> 1/1       4/1              12/31       3/31
>                  ┌──────────────┬──────────┐
>                  │   当期分     │  次期分  │
>                  │  （9カ月分） │（3カ月分）│
>                  └──────────────┴──────────┘
>                  └──────── 1年分 (12,000円) ────────┘
>                                    ↓
> ```

●費用の繰延べ

借方科目	金　額	貸方科目	金　額
前 払 保 険 料	3,000	保　険　料	3,000

② 次期分の保険料を前払いしている
→前払保険料（資産）

$12,000円 × \dfrac{3カ月}{12カ月}$

① 当期に支払った保険料のうち、次期分を当期の費用から差し引く
→貸方に保険料（費用）

なお、決算で繰り延べた（または見越した）費用、収益は翌期首、つまり決算日の次の日に振り戻します。
「振り戻す」というのは、**決算時の仕訳の逆仕訳をすること**をいい、この仕訳を**再振替仕訳**といいます。

●翌期首の仕訳（再振替仕訳）

借方科目	金　額	貸方科目	金　額
保　険　料	3,000	前 払 保 険 料	3,000

収益を繰り延べるときの貸方科目は「前受●●」

こんどは収益を繰り延べてみましょう。

たとえば、土地の貸付けをしていて、
当期の9月1日に1年分の地代12,000円を受け取った
としましょう（会計期間は1月1日から12月31日）。
この場合、当期に1年分、12,000円を受け取っていますが、
翌年1月1日から8月31日までの8カ月分は次期分の地代です。

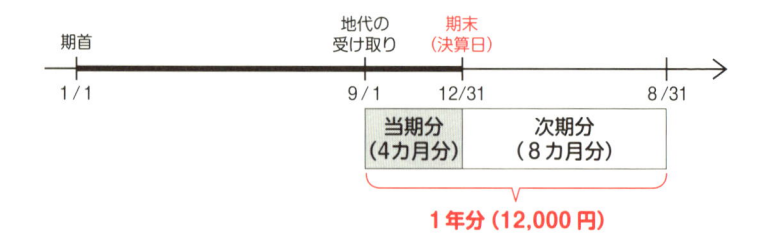

```
     期首            地代の      期末
                   受け取り   (決算日)
     1/1             9/1     12/31        8/31
                     ├当期分─┼──次期分──┤
                     (4カ月分)   (8カ月分)
                     └──── 1年分 (12,000円) ────┘
```

したがって、**8カ月分を次期に繰り延べます**。

繰り延べる金額は $12,000 円 \times \dfrac{8 \text{カ月}}{12 \text{カ月}} = 8,000$ 円ですね。

9月1日に1年分の地代12,000円を受け取ったとき、

借方科目	金　額	貸方科目	金　額
現　金　な　ど	12,000	▶受　取　地　代◀ 収益	12,000

という仕訳をしています。
このうち、8,000円を繰り延べるので、
8,000円を当期の受取地代（収益）から差し引きます。
収益の減少ですから、**借方（り）**に「受取地代」と記入。

借方科目	金　額	貸方科目	金　額
▶受　取　地　代◀	8,000		

そして、**貸方（し）**ですが、
次期の地代を前受けしているので、
「**前受地代**」という負債の勘定科目で処理します。

借方科目	金　額	貸方科目	金　額
受　取　地　代	8,000	▶前　受　地　代 負債	8,000

次期の地代（収益）を当期に受け取っているので、
その分だけ次期にサービスを
提供しなければならない義務が生じます。
ですから、**前受地代**は**負債**。

→「次期の地代（収益）を当期に受け取っている」→「もう受け取れない」
→「悲しい」→「負債」と考えてもいいですね。

なお、受取家賃の繰延べなら「**前受家賃**」、
受取利息の繰延べなら「**前受利息**」となります。
どちらも負債の勘定科目です。

では、収益の繰延べを確認しておきましょう。

> **例 9-16**
> 受取地代 12,000 円は当期の 9 月 1 日に向こう 1 年分を受け取ったものである。決算において、次期分を繰り延べる。当期は×1年1月1日から×1年12月31日までである。

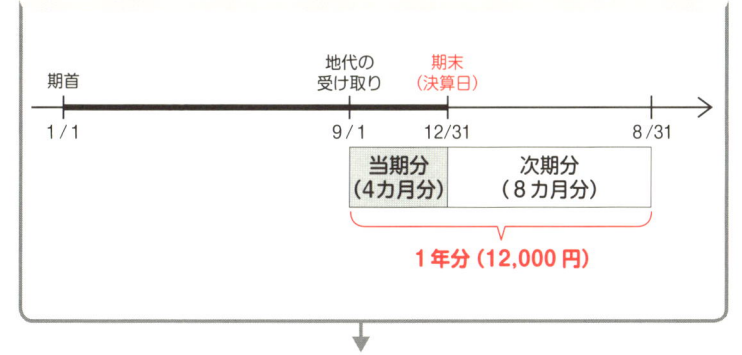

期首　　　　　　　　地代の　　期末
　　　　　　　　　　受け取り　（決算日）
1/1　　　　　　　　　9/1　　12/31　　　　　　8/31

当期分（4カ月分） ｜ 次期分（8カ月分）

1年分（12,000円）

38 費用と収益の繰延べ、見越し

9章 決算手続き　315

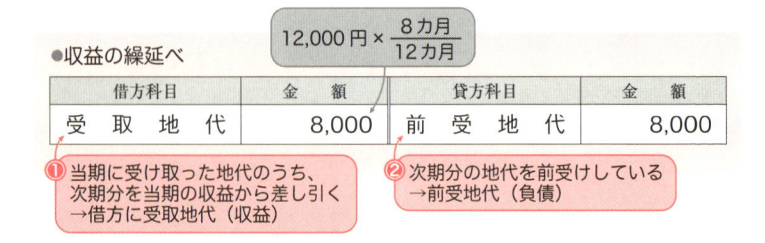

●収益の繰延べ

$12,000円 × \dfrac{8カ月}{12カ月}$

借方科目	金　額	貸方科目	金　額
受 取 地 代	8,000	前 受 地 代	8,000

❶ 当期に受け取った地代のうち、次期分を当期の収益から差し引く
→借方に受取地代（収益）

❷ 次期分の地代を前受けしている
→前受地代（負債）

なお、翌期首に行う再振替仕訳は次のとおり。

●翌期首の仕訳（再振替仕訳）

借方科目	金　額	貸方科目	金　額
前 受 地 代	8,000	受 取 地 代	8,000

当期分だけど、まだ支払っていない費用（受け取っていない収益）は見越す

つづいて、**費用と収益の見越し**です。

たとえば、会計期間が1月1日から12月31日のお店が、
当期の4月1日に銀行から60,000円を借り入れたとしましょう。
この借入金は1年後の3月31日に返済予定で、
返済時に1年分の利息（年利率2％）を支払うものとします。

この場合、借入日（4月1日）から決算日（12月31日）までの
9カ月分の利息は、当期分の利息（費用）ですが、
まだ支払いがされていないため、費用計上されていません。

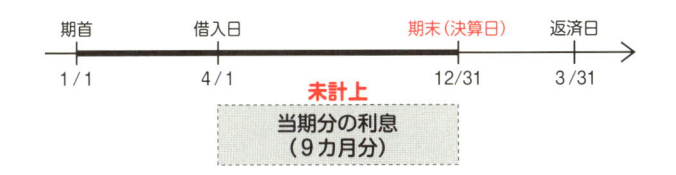

```
期首         借入日              期末(決算日)    返済日
  |———————————|———————————————————|———————————→
 1/1          4/1                12/31          3/31
                          未計上
              ┌─────────────────────┐
              │   当期分の利息       │
              │   (9カ月分)         │
              └─────────────────────┘
```

したがって、9カ月分の利息については、
当期の費用として計上する必要があります。

このように、**当期分の費用または収益にもかかわらず、
当期にまだ支払っていない費用または受け取っていない収益
を当期の費用または収益として計上することを見越し**といいます。

費用を見越すときの貸方科目は「未払●●」

さきほどの**支払利息（費用）を見越計上**してみましょう。
まず、1年分の利息を計算します。

　1年分の利息：60,000円 × 2％ = 1,200円

この1,200円のうち、**9カ月分は当期分の利息**なので、

$$1,200円 \times \frac{9カ月}{12カ月} = 900円$$

を当期の**支払利息（費用）**として計上します。

借方科目	金　額	貸方科目	金　額
▶支　払　利　息◀ 費用	900		

貸方（ 🌙 ）ですが、当期分の利息が未払いなので、
「**未払利息**」という負債の勘定科目で処理します。

借方科目	金　額		貸方科目	金　額
支　払　利　息	900	▶	未　払　利　息 ◀ 負債	900

当期の利息（費用）にもかかわらず、
当期にまだ支払っていないので、
その分だけ支払わなければならない義務
が生じます。ですから、**未払利息は負債**。

> 「当期の利息（費用）をまだ支払っていない」→「あとで支払わなきゃ！」
> →「いやだなあ〜」→「負債」と考えてもいいですね。

なお、支払家賃の見越しなら「**未払家賃**」、
支払地代の見越しなら「**未払地代**」となります。
どちらも負債の勘定科目です。

では、ここで費用の見越しを確認しておきましょう。

例 9-17　当期の4月1日に60,000円を借り入れた。借入期間は1年で、返済時に利息（年利率2％）をあわせて支払う。決算において、利息の見越計上を行う。なお、当期は×1年1月1日から×1年12月31日までである。

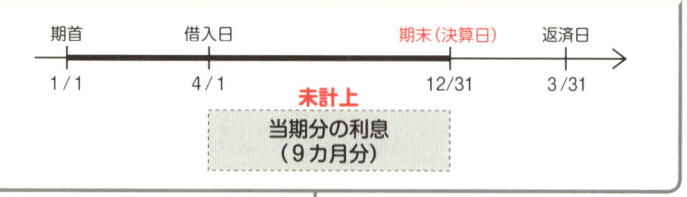

```
期首        借入日              期末(決算日)    返済日
1/1         4/1                 12/31          3/31
─┼──────────┼───────────────────┼──────────────┼─→
                    未計上
            ┌─────────────────────┐
            │    当期分の利息      │
            │    （9カ月分）       │
            └─────────────────────┘
                       ↓
```

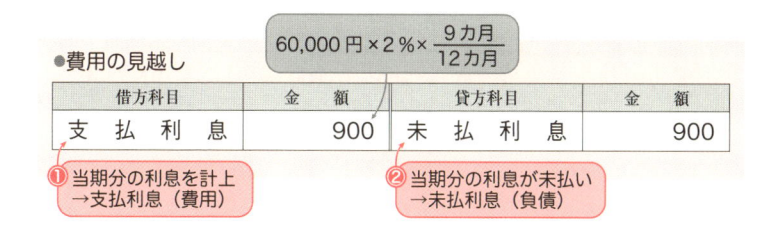

●費用の見越し

$$60,000円 \times 2\% \times \frac{9カ月}{12カ月}$$

借方科目	金　額	貸方科目	金　額
支 払 利 息	900	未 払 利 息	900

❶当期分の利息を計上
→支払利息（費用）

❷当期分の利息が未払い
→未払利息（負債）

なお、翌期首に行う再振替仕訳は次のとおり。

●翌期首の仕訳（再振替仕訳）

借方科目	金　額	貸方科目	金　額
未 払 利 息	900	支 払 利 息	900

収益を見越すときの借方科目は「未収●●」

こんどは収益を見越計上してみましょう。

たとえば、会計期間が1月1日から12月31日のお店が、
当期の8月1日に他店に現金60,000円を貸し付けた
としましょう。
この貸付金は1年後の7月31日に回収予定で、
回収時に1年分の利息（年利率2％）を受け取るものとします。

この場合、貸付日（8月1日）から決算日（12月31日）までの
5カ月分の利息は、当期分の利息（収益）ですが、
まだ受け取っていないため、収益に計上されていません。

```
期首                貸付日      期末(決算日)           回収日
─┼──────────────┼──────────┼──────────────────┼─→
1/1                8/1         12/31               7/31
```

未計上

当期分の利息（5カ月分）

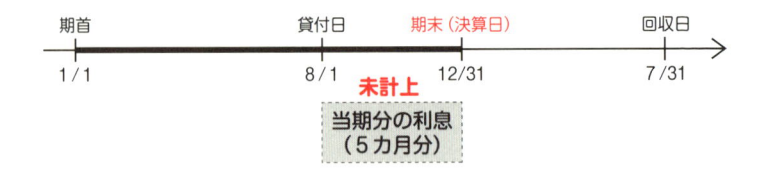

したがって、5カ月分を当期の**受取利息（収益）**として見越計上します。

1年分の利息：60,000円 × 2% = 1,200円

当期分の利息：$1,200円 × \dfrac{5カ月}{12カ月} = 500円$

借方科目	金　額	貸方科目	金　額
		▶受　取　利　息◀ 収益	500

そして、借方（**り**）ですが、
当期分の利息が未収なので、
「**未収利息**」という**資産**の勘定科目で処理します。

借方科目	金　額	貸方科目	金　額
▶未　収　利　息◀ 資産	500	受　取　利　息	500

当期の利息（収益）をまだ受け取っていないので、
その分だけ次期に利息を受け取れる権利
が生じます。
ですから、**未収利息は資産**。

→「当期の利息(収益)をまだ受け取っていない」→「あとで受け取れる」
→「楽しみ〜」→「資産」と考えてもいいですね。

なお、受取家賃の見越しなら「**未収家賃**」、
受取地代の見越しなら「**未収地代**」となります。
どちらも資産の勘定科目です。

では、収益の見越しを確認しておきましょう。

> **例 9-18** 当期の8月1日に60,000円を貸し付けた。貸付期間は1年で、回収時に利息（年利率2％）をあわせて受け取る。決算において、利息の見越計上を行う。なお、当期は×1年1月1日から×1年12月31日までである。

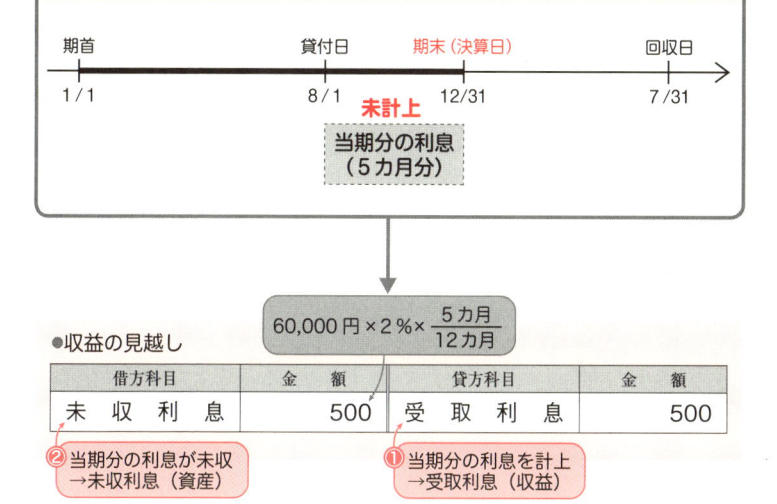

期首		貸付日	期末(決算日)		回収日
1/1		8/1	12/31		7/31

未計上
当期分の利息
（5カ月分）

$$60,000円 \times 2\% \times \frac{5カ月}{12カ月}$$

●収益の見越し

借方科目	金　額	貸方科目	金　額
未 収 利 息	500	受 取 利 息	500

❷当期分の利息が未収
→未収利息（資産）

❶当期分の利息を計上
→受取利息（収益）

なお、翌期首に行う再振替仕訳は次のとおりです。

●翌期首の仕訳（再振替仕訳）

借方科目	金　額	貸方科目	金　額
受 取 利 息	500	未 収 利 息	500

以上が費用と収益の繰延べ、見越しの処理です。

気づいた方もいらっしゃるかと思いますが、
「**繰延べ**」だったら費用、収益の相手科目に「**前**」がつき、
「**見越し**」だったら費用、収益の相手科目に「**未**」がつきます。

> 費用と収益の繰延べ、見越し
> ・保険料（費用）の繰延べ→「前払保険料」
> ・受取地代（収益）の繰延べ→「前受地代」
> ・支払利息（費用）の見越し→「未払利息」
> ・受取利息（収益）の見越し→「未収利息」

決算整理事項はこれでおしまいです。
次は精算表の作成についてみていきます。

39 精算表の作成

精算表の形式をみておこう！

決算整理前の試算表の金額に、
決算整理事項の金額を加減して、
損益計算書と貸借対照表を作成しますが、
その前に**精算表**という表をつくっておきます。

精算表は、試算表に記載されている
資産、負債、純資産、収益、費用を
損益計算書と貸借対照表に区分し、一覧表にしたもの、
つまり、試算表から貸借対照表と損益計算書を作成する過程を
1つの表にしたものです。

精　算　表

勘定科目	試算表 借方	試算表 貸方	修正記入 借方	修正記入 貸方	損益計算書 借方	損益計算書 貸方	貸借対照表 借方	貸借対照表 貸方
現　　　金	2,800						2,800	
売　掛　金	7,000						7,000	
売買目的有価証券	6,800			800			6,000	
繰　越　商　品	4,000		5,000	4,000			5,000	
建　　　物	18,000						18,000	
買　掛　金		5,000						5,000
貸倒引当金		100		40				140
建物減価償却累計額		6,400		400				6,800
資　本　金		20,000						20,000
売　　　上		25,000				25,000		
仕　　　入	17,600		4,000	5,000	16,600			
支　払　家　賃	300			60	240			
	56,500	56,500						
貸倒引当金繰入			40		40			
減価償却費			400		400			
有価証券評価損			800		800			
前　払　家　賃			60				60	
当期純利益					6,920			6,920
			10,300	10,300	25,000	25,000	38,860	38,860

> 精算表の記入
>
> **A** 貸借対照表の科目
> **B** 損益計算書の科目
> **C** 決算整理で新たに生じた科目と当期純利益
>   （または当期純損失） ← 試験では通常、記入済み
> **D** 決算整理を行う前の残高試算表の金額
> **E** 決算整理で修正する金額
> **F** 収益、費用の金額（損益計算書の金額）を記入
> **G** 資産、負債、純資産の金額（貸借対照表の金額）を記入
> **H** 損益計算書の貸借差額または貸借対照表の貸借差額で
>   当期純利益（または当期純損失）を計算

損益計算書または貸借対照表の貸借差額で
当期純利益（または当期純損失）を計算しますが、
「利益」か「損失」かを判定するさいには、
**損益計算書の収益合計と費用合計のどちらが大きいかに
よって判定**しましょう。

収益合計のほうが費用合計よりも大きければ当期純利益、
収益合計のほうが費用合計よりも小さければ当期純損失
となります。

左ページの精算表では、 ← 収益のほうが大きい→儲かった！
収益合計が25,000円、費用合計が18,080円
（16,600円 + 240円 + 40円 + 400円 + 800円）なので、
当期純利益となります。

精算表の記入方法は…？

精算表の記入方法について、
売上原価を算定する決算整理仕訳を使ってみておきましょう。
なお、試算表欄の「繰越商品」の金額は、
期首商品棚卸高をあらわしていることに注意してください。

> **例 9-19** 期首商品棚卸高は 4,000 円、期末商品棚卸高は 5,000 円であった。売上原価は仕入の行で算定すること。

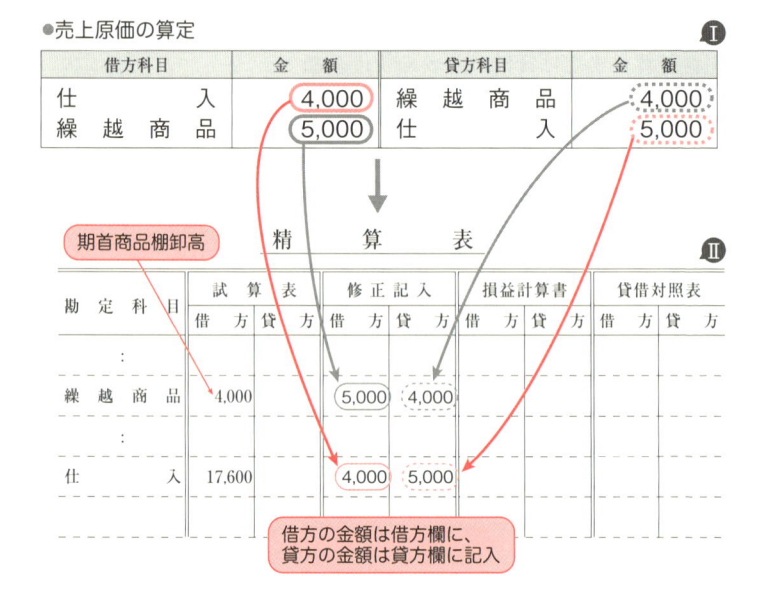

●売上原価の算定 **I**

借方科目	金　額	貸方科目	金　額
仕　　　入	4,000	繰　越　商　品	4,000
繰　越　商　品	5,000	仕　　　入	5,000

期首商品棚卸高

精　算　表 **II**

勘定科目	試算表 借方	試算表 貸方	修正記入 借方	修正記入 貸方	損益計算書 借方	損益計算書 貸方	貸借対照表 借方	貸借対照表 貸方
：								
繰越商品	4,000		5,000	4,000				
：								
仕　入	17,600		4,000	5,000				

借方の金額は借方欄に、
貸方の金額は貸方欄に記入

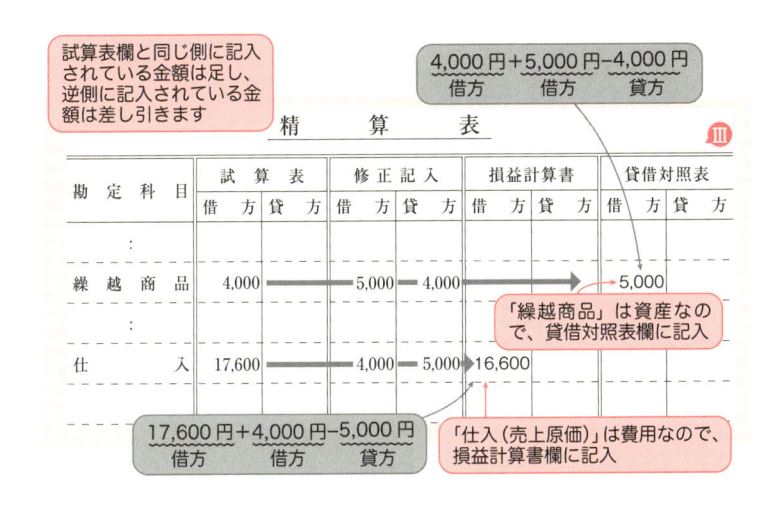

> 試算表欄と同じ側に記入されている金額は足し、逆側に記入されている金額は差し引きます

> 4,000円 + 5,000円 − 4,000円
> 借方　　借方　　貸方

精　算　表

勘定科目	試算表 借方	試算表 貸方	修正記入 借方	修正記入 貸方	損益計算書 借方	損益計算書 貸方	貸借対照表 借方	貸借対照表 貸方
︙								
繰越商品	4,000		5,000	4,000			5,000	
︙								
仕入	17,600		4,000	5,000	16,600			

> 「繰越商品」は資産なので、貸借対照表欄に記入

> 17,600円 + 4,000円 − 5,000円
> 借方　　借方　　貸方

> 「仕入(売上原価)」は費用なので、損益計算書欄に記入

このような感じで、ほかの欄も記入します。

精算表の記入は問題を解かないと身につかないので、
試験を受ける方は問題（サクトレ）を
しっかり解いておいてください。

39 精算表の作成

9章　決算手続き

40 損益計算書と貸借対照表の作成

精算表から損益計算書と貸借対照表を作成する

お店や会社の経営成績（どれだけ儲けがあったのか）を
明らかにするために損益計算書を作成します。
**損益計算書には、収益と費用を記入し、収益と費用の差額で
当期純利益（または当期純損失）を計算**します。

また、お店や会社の財政状態（資産や負債がいくらあるのか）を
明らかにするために貸借対照表を作成します。
貸借対照表には、資産、負債、純資産を記入します。
なお、損益計算書で計算した当期純利益（または当期純損失）
も記入します。

損益計算書や貸借対照表の金額は、
精算表の損益計算書欄および貸借対照表欄の金額を記入しますが、
勘定科目が精算表と異なる箇所があるので、ご注意！

324ページの精算表から
損益計算書と貸借対照表を作成すると次のとおりです。

損益計算書

ケンコー屋　　×1年1月1日から×1年12月31日まで　　（単位：円）

費　　用	金　　額	収　　益	金　　額
売 上 原 価	(16,600)	売 上 高	(25,000)
貸倒引当金繰入	(40)		
減 価 償 却 費	(400)		
支 払 家 賃	(240)		
有価証券評価損	(800)		
当 期 純 利 益	(6,920)		
	(25,000)		(25,000)

「仕入」ではなく、「売上原価」

「売上」ではなく、「売上高」

貸借差額

一致

儲けた！ということは元手が増えるので、当期純利益は純資産の増加！

貸借対照表

ケンコー屋　　×1年12月31日　　（単位：円）

貸倒引当金は売掛金や受取手形からマイナスする形で記入

資　　産	金　　額	負債及び純資産	金　　額
現　　　　金	(2,800)	買 掛 金	(5,000)
売 掛 金	(7,000)	資 本 金	(20,000)
貸倒引当金	(140)(6,860)	当 期 純 利 益	(6,920)
売買目的有価証券	(6,000)		
商　　　　品	(5,000)		
前 払 家 賃	(60)		
建　　　　物	(18,000)		
減価償却累計額	(6,800)(11,200)		
	(31,920)		(31,920)

7,000円－140円

「繰越商品」ではなく、「商品」

損益計算書よりまたは貸借差額

18,000円－6,800円

一致

減価償却累計額は固定資産からマイナスする形で記入

40　損益計算書と貸借対照表の作成

9章　決算手続き

☆「帳簿の締め切り」…その前に。

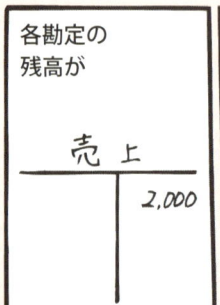

ケンコー屋の早起です。
おかげさまで開業1年目が
無事おわりました。

簿記も何とか
身についてきました。

目標！
当期以上の売上げ
当期以上の利益！！

心機一転
次期も頑張ろうと思います。

ところで
帳簿をみてみると…

各勘定の
残高が

売上
　　　｜2,000

現金
500｜

残っている
のですが…

これってこのまま
残しておいてよいのでしょうか？

じゃあ、どうするのさ？
…さあ？
・・・・
・・・。
ダッ
アレどこだっけ
ちゃぶ台の上ー！
簿記の本
タッチ
はい、調べて！
はいはい
ゼイゼイ
これか！！
パラリ
奥さん
「締め切り」っての
やるんだって！
きいてる？！
あーそう〜
いよいよ最後「帳簿の締め切り」！

41 帳簿の締め切り

収益・費用の残高はゼロになるように！
資産・負債・純資産の残高は次期へ！

決算の最後に、帳簿を締め切って次期の記入に備えます。

帳簿の締め切りは**収益、費用の各勘定**から行います。
収益や費用は当期の儲けを計算するための金額
なので、次期に繰り越しません。
したがって、収益や費用の各勘定は残高が0円になるように
締め切ります。

> Step 1
> 収益、費用の
> 各勘定の締め切り

たとえば、次のような勘定の記入があったとしましょう。
なお、金額は決算整理後の残高です。

売	上		仕	入
	2,000		1,400	

まず、売上勘定（収益）の貸方に残高2,000円とありますが、
これを0円にするために、売上勘定の借方（**り**）に
同額を記入します。

売	上
2,000	2,000

仕訳でいうと こんな感じ ですね。

借方科目	金　額	貸方科目	金　額
売　　上	2,000		

そして、この金額はどこにいくかというと、
損益勘定の貸方（し）に記入します。

```
      損        益              売        上
          |売  上 2,000     損  益 2,000 |     2,000
```

仕訳でいうと こんな感じ です。

借方科目	金　額	貸方科目	金　額
売　　上	2,000	損　　益	2,000

次に、仕入勘定（費用）の借方に残高1,400円とありますが、
これを0円にするために、仕入勘定の貸方（し）に
同額を記入します。

```
          仕        入
              1,400 |  1,400
```

借方科目	金　額	貸方科目	金　額
		仕　　入	1,400

そして、その金額は損益勘定の借方（り）へ。

```
      仕        入              損        益
      1,400 |損  益 1,400    仕  入 1,400 |売  上 2,000
```

9章　決算手続き

仕訳でいうと こんな感じ 。

借方科目	金　額	貸方科目	金　額
損　　　益	1,400	仕　　　入	1,400

次に**損益勘定の貸借差額で当期純利益
または当期純損失を計算**し、
この金額を**資本金勘定に振り替え**ます。

> Step 2
> 当期純利益
> （当期純損失）
> の振り替え

```
      資　本　金      決算整理後の残高         損              益
                         800        仕  入  1,400  売  上  2,000
            損  益  600        資本金    600    当期純利益
```

仕訳でいうと こんな感じ ですね。

借方科目	金　額	貸方科目	金　額
損　　　益	600	資　本　金	600

当期純利益は元手の増加となる
→資本金（純資産）の増加

これで、**収益、費用の各勘定と損益勘定の
残高が0円となった**ので、これらの勘定を
締め切ります。

> Step 3
> 収益、費用の
> 各勘定と損益勘定の
> 締め切り

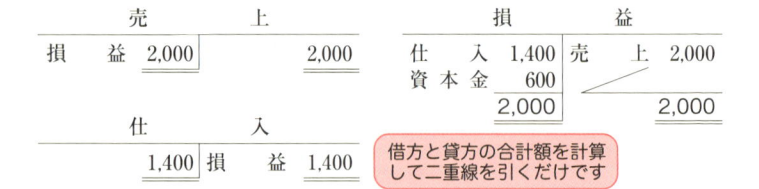

```
      売        上                        損              益
損 益 2,000        2,000          仕  入  1,400  売  上  2,000
                                  資本金    600
      仕        入                         2,000         2,000
         1,400  損 益 1,400
```

借方と貸方の合計額を計算
して二重線を引くだけです

ほっと一息ついたら、次は
資産、負債、純資産の各勘定を締め切ります。

> Step 4
> 資産・負債・
> 純資産の
> 各勘定の締め切り

資産、負債、純資産の各勘定の残高は、
次期に繰り越します。
したがって、各勘定の残高を
「次期繰越」 として記入（Ⓐ）し、
二重線を引いて締め切ったあと、さらに「次期繰越」の逆側に
「前期繰越」 として繰り越された金額を記入（Ⓑ）します。

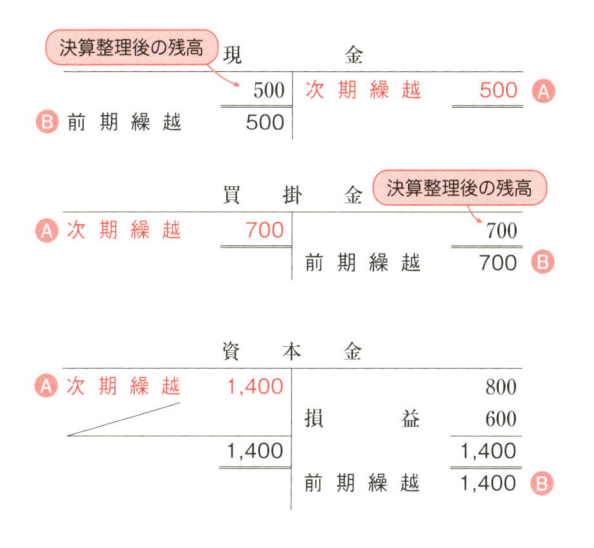

```
               現        金
  決算整理後の残高
           →   500   次 期 繰 越    500  Ⓐ
  Ⓑ 前 期 繰 越  500
```

```
               買   掛   金    決算整理後の残高
  Ⓐ 次 期 繰 越   700                700
                        前 期 繰 越    700  Ⓑ
```

```
               資   本   金
  Ⓐ 次 期 繰 越  1,400              800
                        損      益    600
                1,400             1,400
                        前 期 繰 越  1,400  Ⓑ
```

なお、「次期繰越」とその金額は赤字で記入しますが、
試験では黒字で記入してください。

すべての勘定を締め切ったら、
資産、負債、純資産の次期繰越額を一覧表に
まとめます。
この一覧表を**繰越試算表**といいます。

> Step 5
> 繰越試算表
> の作成

――― 前ページで説明した勘定の
金額のみ記入しています。

繰 越 試 算 表

借方金額	勘定科目	貸方金額
500	現　　　金	
××	売　掛　金	
××	繰 越 商 品	
××	建　　　物	
	買　掛　金	700
	資　本　金	1,400
××		××

「繰越試算表」なので、借方合計と貸方合計は一致します

以上で決算手続きはおわりです。
そして、3級の内容もひととおりおしまいです。
最後まで読まれた方、おつかれさまでした！

　　　ここでサクトレ基本問題 45 ～ 57 を解きましょう！

すいすい♪簿記　マンガみてGO！　日商3級	
2010年3月2日	初版第1刷
2010年6月12日	初版第2刷

著　　者	福島　三千代	
発 行 者	桑原　知之	
発 行 所	ネットスクール株式会社　出版本部	
	〒101-0054　東京都千代田区神田錦町3-17	
	電話　03（6823）6458（営業）	
	FAX　03（3294）9595	
	http://www.net-school.co.jp	
編　　集	株式会社アスラン編集スタジオ	
印刷・製本	株式会社日本制作センター	

©Michiyo Fukushima 2010　Printed in Japan　ISBN 978-4-7810-1501-9

本書は、『著作権法』によって、著作権等の権利が保護されている著作物です。本書の全部または一部につき、無断で転載、複写されると、著作権等の権利侵害となります。上記のような使い方をされる場合には、あらかじめ小社宛許諾を求めてください。

落丁・乱丁本はお取り替えいたします。

■すいすい♪簿記 プロジェクト・メンバー紹介■

＊ 福島　三千代　《著者》

1974年生まれ。法政大学経済学部卒業。
著書である、『サクッとうかる日商3級商業簿記　テキスト』、
『サクッとうかる日商簿記3級　厳選過去問ナビ』をはじめとする、
日商簿記1級～3級受験対策書籍『サクッとうかるシリーズ』は
100万部に及ぶベストセラーになった。
ピーンッと一本筋の通ったクールな雰囲気だが、実はとても後輩想いの
気のいいアネゴ。マンガ好きが本書の企画を生み出した。
趣味は温泉めぐりと寺めぐり。【紹介者：遠藤】

＊ いぐち　かなえ　《マンガ・イラスト担当》

1985年生まれ。武蔵野美術大学在学中。
大学で美術を学ぶかたわら、本書のマンガ・イラストを担当。
マンガは描くのも読むのも幼いころから大好きで、
本シリーズはデビュー作。
妙なものに関心を寄せる個性派だが、
まわりの人をなごませ明るくするムードメーカー。【紹介者：遠藤】

＊ 上野　有希子　《校正担当》

最年少ながらみんなに頼りにされるしっかり者。
おとなしそうな外見で口数は決して多くないが、
ポロリと言うツッコミは何気にキツイ！【紹介者：いぐち】

＊ 一柳　僚子　《校正担当》

陽気で好奇心旺盛なプロジェクトの牽引役。
ヒトコトでいうとパワフル。
「馬力」ということばがよく似合う。【紹介者：福島】

＊ 遠藤　紀妃子　《プロジェクトリーダー》

本書プロジェクトの旗振り役。日頃はネットスクール管理部門の役員。
仕事上のどんな難題も楽しみながらクリアしてしまう。
特技は人間観察。人をのせるのが異常にうまい。【紹介者：福島】

編集・デザイン・ＤＴＰ／アスラン編集スタジオ　　カバーデザイン／YOSHINOBU Design
校閲／エッグ舎　　校正・協力／佐藤征一郎　阪西貴子　岩田俊行　桑原知之

簿記受験応援サイト
『サクッととおるクラブ』のご案内

登録無料

2010年、簿記受験のみなさまにご愛用いただいている、簿記検定受験情報サービス『新とおるクラブ』が、さらにパワーアップ。『サクッととおるクラブ』として生まれかわります。
読者のみなさまに、「楽しく学んで、試験に合格」していただくための様々なサポートメニューをご用意しています。

最新の試験情報
毎回の出題予想や解答速報など、検定合格に役立つ、**簿記検定情報**。

楽習(がくしゅう)ペースメーカー
計画的な簿記楽習に役立つ、様々な「**楽習ツール**」。

モチベーションアップと疑問解消
勉強仲間の**コミュニケーション**や、**疑問の解消**に役立つ掲示板等。

その他
ネットスクール WEB SHOP での書籍購入会員の特典等をご用意して、皆様の合格をサポートしております。

わからないことはすぐに解決！

ご利用無料

ネットスクール質問電話　03-6823-6459

お気軽にお電話を！

受付時間	月	火	水	木	金
午前(10～12時)	－	－	○	－	－
午後(14～16時)	○	－	－	－	○

＊通話料はお客様のご負担となります。

＊休日、祝日はご利用になれません。また、試験直前期などは電話が繋がりにくいことがございます。恐れ入りますが、あらかじめご了承ください。

＊限られた時間の中での対応となりますので、以下のルールをお守りください。
・多くの方にご利用頂くため、一度に一つの質問に限らせていただきます。
・あらかじめ「質問箇所のページ数（問題番号）」、「質問箇所に対するあなたの考え」をご用意ください。

インターネットLIVE出題予想大会
＆解答速報会のご案内

参加無料

試験直前 ▶▶▶ 予想大会 〜君は1人じゃない!!!〜

抜群の的中率を誇るネットスクールの出題予想と
そのポイントを講師が生解説。

インターネットで予想大会

PCとインターネット環境があれば、どなたでも利用できます。

予想大会は生ライブ！

開催当日に【生】LIVEで行います！講師から皆さんに問いかけたり、チャットを利用した質疑応答等のコミュニケーションが可能です。
「直前期の過ごし方」は必見!!

オンデマンドでも視聴可能！

予想大会終了後、その内容はオンデマンド（録画）で配信されます。
開催当日都合がつかない方や、もう一度ご覧になりたい方も安心！

教材は「ラストスパート模試」

出題予想に基づいた直前対策問題集「ラストスパート模試」（通称 ラスパ）が教材。詳しくはこちら

当たる！ 日商簿記ラストスパート模試

超直前予想**3回分**とウラ予想**1回分**の
合計**4回分**の予想問題を収載！

- 2級 1,400円（税別）
- 3級 1,000円（税別）

付録
- ラスパカード（重要仕訳）
- ファイナルチェックリスト（試験会場で直前最終チェック!）

ラスパを解いて"本番"に強くなろう！

試験終了後 ▶▶▶ 解答速報会

試験が終わった当日のうちに解答速報が見られます。
解答速報会では質問もOK！

ネットスクール　検索　今すぐアクセス！

http://www.net-school.co.jp/boki/

＊予想大会や解答速報会はもちろん、知って得する試験情報満載！

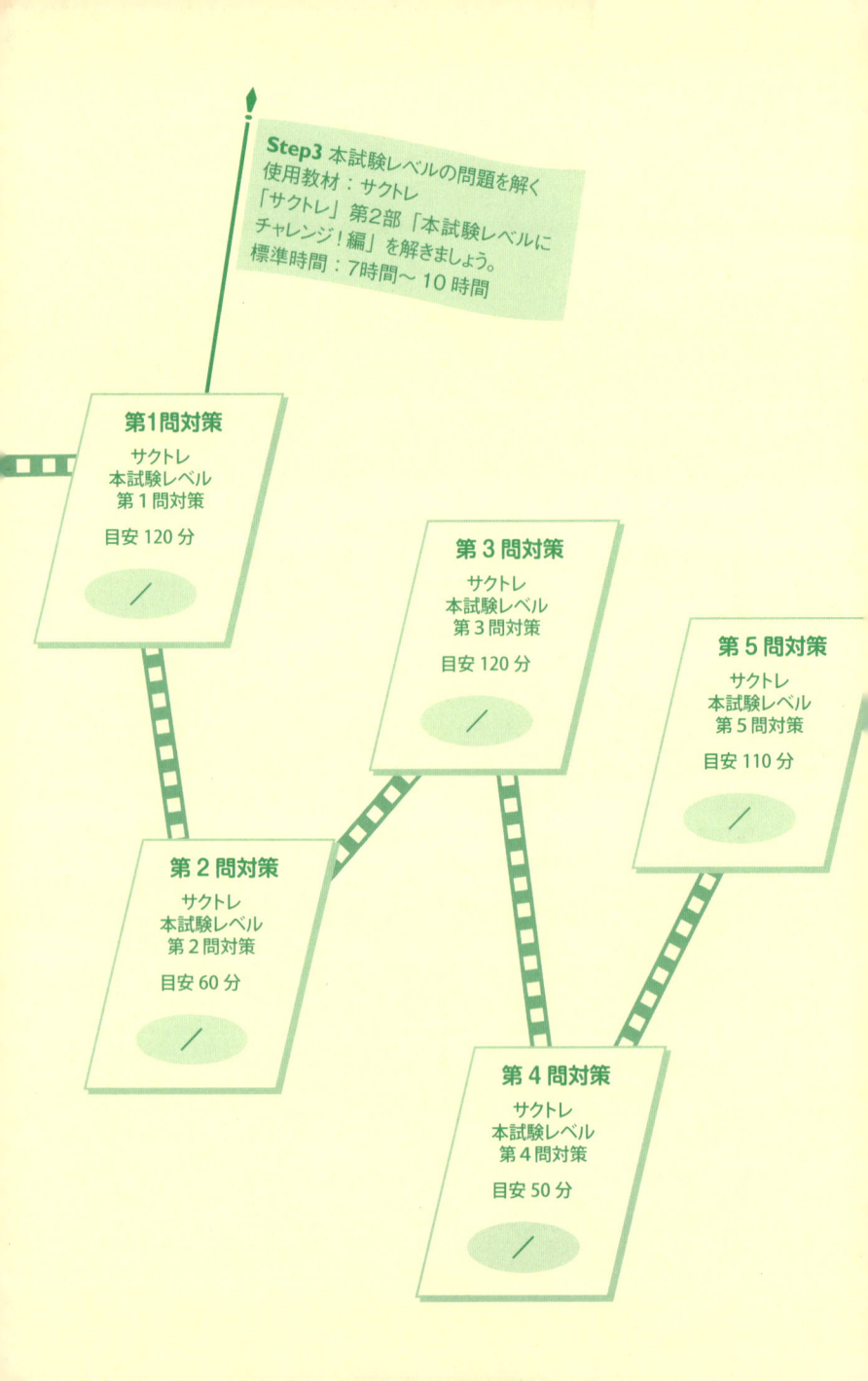

Step3 本試験レベルの問題を解く
使用教材：サクトレ
「サクトレ」第2部「本試験レベルにチャレンジ！編」を解きましょう。
標準時間：7時間～10時間

第1問対策

サクトレ
本試験レベル
第1問対策

目安 120 分

/

第2問対策

サクトレ
本試験レベル
第2問対策

目安 60 分

/

第3問対策

サクトレ
本試験レベル
第3問対策

目安 120 分

/

第4問対策

サクトレ
本試験レベル
第4問対策

目安 50 分

/

第5問対策

サクトレ
本試験レベル
第5問対策

目安 110 分

/